徳川四代　大江戸を建てる

驚きの江戸の町づくり

河合　敦
Atsushi Kawai 監修

JIPPI Compact

実業之日本社

はじめに

本書は、江戸に拠点《きょてん》を構《かま》えた徳川家康《とくがわいえやす》から始まって、秀忠《ひでただ》、家光《いえみつ》、家綱《いえつな》と、四代にわたる将軍が江戸と城下を大改造し、世界一といってよい大都市を構築していく過程を描いた物語である。

豊臣秀吉《とよとみひでよし》存命中は大規模な工事を控《ひか》えた家康だが、江戸に幕府を開くと、遠慮することなく利根川《とねがわ》の東遷《とうせん》事業を加速化させ、町中に縦横《じゅうおう》に水路を開き、入江《いりえ》を大規模に埋《う》め立てるなどして、未曾有《みぞう》の大城郭《だいじょうかく》と城下町づくりを始めた。動員されたのは、諸大名である。この天下普請《てんかぶしん》は、徳川に対する忠誠心を確認し、同時にその経済力を削《そ》ぐ効果もあった。

驚くべきは、将軍ごとに城の象徴たる天守閣を建て直したことだろう。しかし、明暦《めいれき》の大火《たいか》で江戸城が焼失すると、四代将軍・家綱の補佐役・保科正之《ほしなまさゆき》の判断により、天守が新造されることはなかった。経費節減に加え、戦国の世から半世紀が過ぎ、徳川の支配が安泰化したことで、あえて天守で徳川の威厳を示す必要がなくなったのかもしれない。

ちなみに明暦の大火は、江戸の城下町を大きく変えた。乱雑に急増してきた家屋や寺社が丸焼けになったことで、計画的な都市づくりが可能になったからである。以後、江戸城下は百万都市となり、さらなる発展を遂《と》げていった。

本書では、多くの図や写真を掲載し、江戸の築城工事や都市計画がよくわかるように配慮した。また、四代将軍以降現代にいたるまでの歴史も紹介し、何度も火事や地震、空襲などで廃墟となりながらも、不死鳥のようによみがえった日本の首都の歴史が概観できるようになっている。

2020年、再び東京でオリンピックが開催される。それに伴い、東京ではインフラ整備が加速化し、新たに多くの建造物が立ち、世界からも大いに注目される都市になるだろう。きっと、その歴史や成り立ちに興味を持つ読者も多いはずだ。そんなとき、ぜひとも紐解《ひもと》いていただきたいのが本書である。歴史が苦手な人でもわかるように書かれており、江戸＝東京を知るうえで、きっと大いに手助けになると確信しているからである。

2017年9月

監修者　河合　敦

江戸・東京 変遷の歴史

江戸の町ができるまで……❶

時代／徳川将軍		平安時代	鎌倉時代	室町時代

主な出来事

- 大和政権の伸長
- 794 平安京遷都
- 1086 院政の開始
- 1156 保元の乱
- 1185 壇ノ浦の戦い
- 1192 源頼朝、征夷大将軍に
- 1274 文永の役（元寇）
- 1338 足利尊氏、征夷大将軍に
- 1392 南北朝の合一
- 1467 応仁の乱

摂関政治　平氏政権　鎌倉幕府　室町幕府

中央政権への反発

江戸・東京および関東の出来事

- 関東へ勢力を伸ばす
- 935 平将門の乱
- 1180 江戸重長、源頼朝に臣従
- 源頼朝、鎌倉に幕府を開く
- 1349 鎌倉府設置
- 1438 永享の乱
- 1456 太田道灌、江戸築城（〜57）
- 1495 北条早雲、小田原城攻略

大和政権の支配　鎌倉幕府の支配　鎌倉府・関東管領の支配

安土・桃山時代

江戸時代

家康　（大御所）　秀忠

1568 信長入京

1582 本能寺の変

1590 豊臣秀吉、天下統一

1600 関ケ原の戦い

1603 徳川家康、征夷大将軍に

江戸幕府

1605 徳川家康、将軍職を秀忠に譲る

1615 大坂夏の陣で豊臣家滅亡

1616 徳川家康没

1623 徳川秀忠、将軍職を家光に譲る

1546 河越夜戦

北条家の支配

1590 小田原の陣・家康江戸入府

徳川家の支配

1595 金座の設置

1598 増上寺、芝に移転

1603 日本橋架橋　江戸幕府の支配

1604 大名に石材運搬を命じる

道三堀・小名木川開削

小石川上水開削

神田上水開削

1606 第一次天下普請

1607 本丸・慶長天守完成

1612 銀座の設置

1613 第二次天下普請

1616 四谷大木戸完成

1617 吉原遊郭開設許可

1620 第三次天下普請

1623 元和天守完成

江戸・東京 変遷の歴史

江戸の町ができるまで……❷

時代／徳川将軍：江戸時代

（大御所）家光｜家綱｜綱吉｜家宣｜家継｜吉宗｜家重｜家治

主な出来事

- 1632 徳川秀忠没
- 1635 参勤交代の制度化
- 1639 鎖国の完成
- 1651 由井正雪の乱
- 1685 生類憐みの令
- 享保の改革

江戸・東京および関東の出来事

- 1625 寛永寺建立
- 1628 第四次天下普請
- 1634 日光東照宮再建（〜36）
- 1636 第五次天下普請
- 1638 寛永天守完成
- 1657 明暦の大火
- 1659 両国橋架橋
- 1674 日本橋に魚河岸ができる
- 1720 町火消設置
- 1722 小石川養生所設置
- 元禄文化
- 玉川上水開削

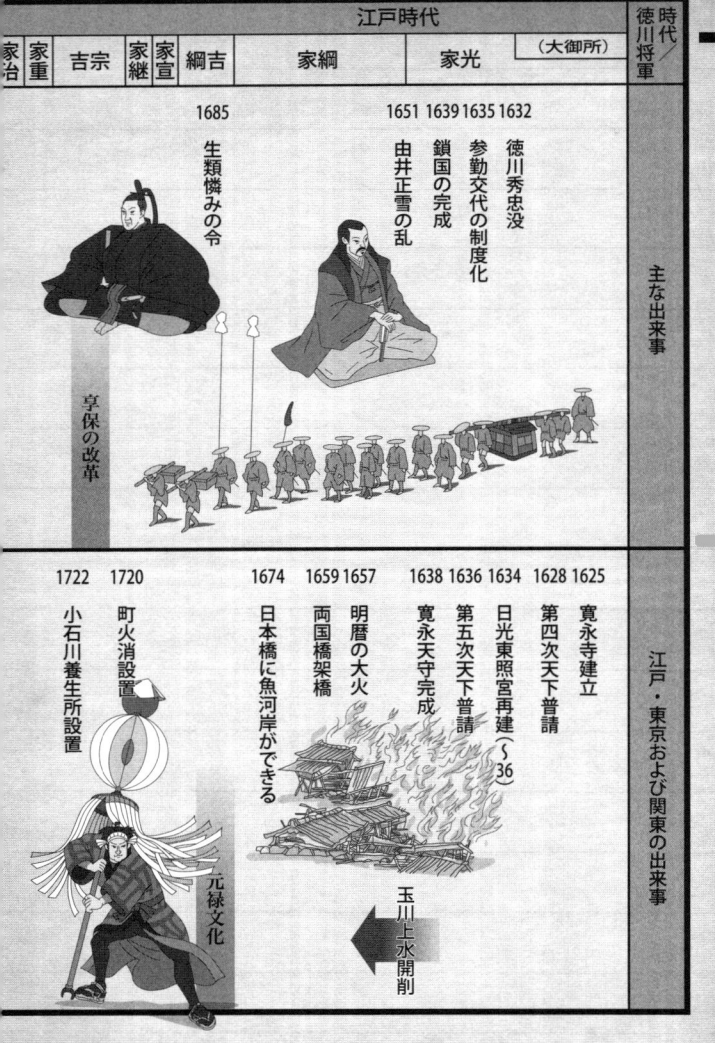

江戸時代：家斉｜家慶｜家定｜家茂｜慶喜

明治｜大正｜昭和

- 寛政の改革
- 大御所時代
- 天保の改革
- 1837 大塩平八郎の乱
- 1853 黒船来航
- 1858 日米修好通商条約締結
- 1867 大政奉還
- 1871 廃藩置県
- 1889 大日本帝国憲法発布
- 1894 日清戦争
- 1904 日露戦争
- 1931 満州事変
- 1941 太平洋戦争勃発
- 1945 終戦
- 1951 サンフランシスコ平和条約締結

- 化政文化
- 1855 安政の大地震
- 1859 横浜開港
- 1868 江戸無血開城。江戸、東京と改称
- 1872 新橋—横浜間に鉄道開通。学制発布
- 文明開化
- 1923 関東大震災
- 1927 上野—浅草間に地下鉄開通
- 1945 東京大空襲
- 市民文化
- 1964 東京オリンピック開催

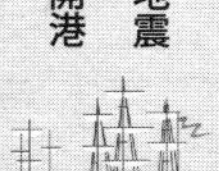

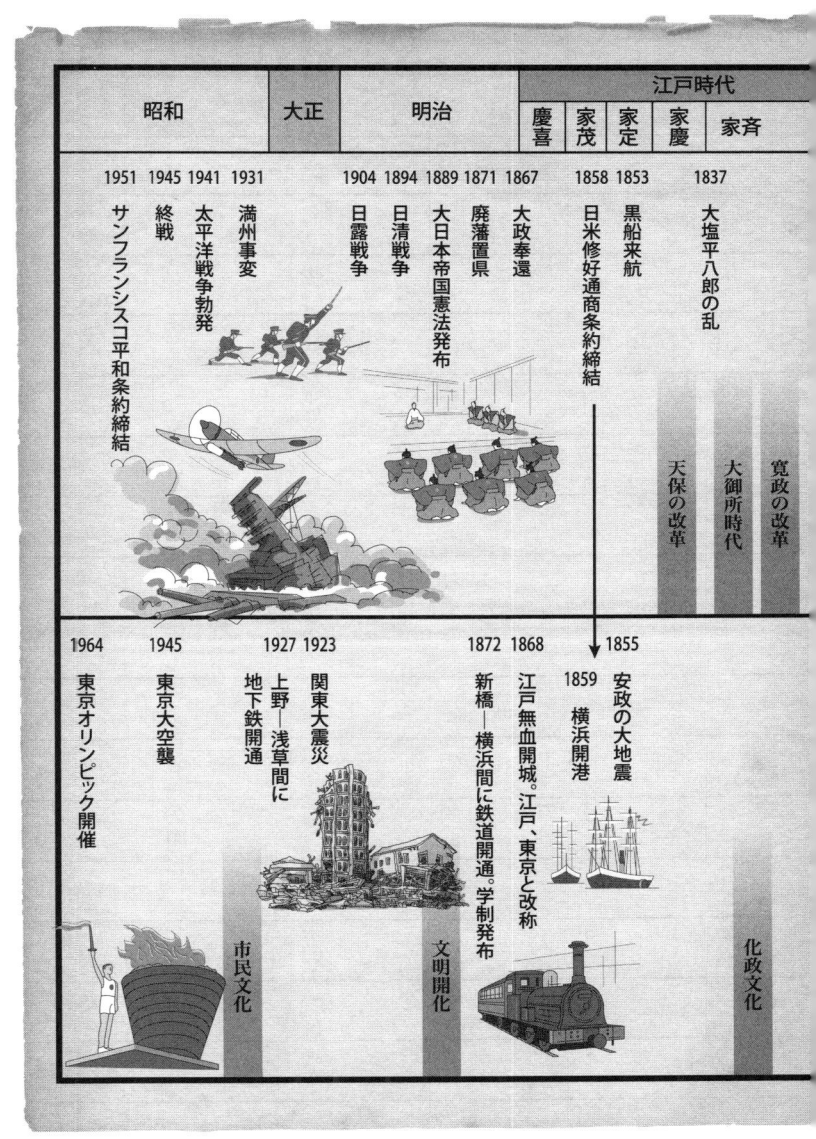

プロローグ

「戦国時代の終わりごろまで、**まったくの未開の地であった江戸の町**は、徳川家康《とくがわいえやす》の入府《にゅうふ》によってガラリと姿を変え、のちに**世界有数の大都市となった**」

このような話が、巷間《こうかん》ささやかれることが多い。しかし、この話、**半分は本当で、半分は眉唾《まゆつば》な話**として受け止めなければなるまい。まず、江戸・東京が徳川家康の入府以来、大きく姿を変えたというのは、紛《まぎ》れもない事実である。たとえば、左の図をご覧いただきたい。江戸入府以前まで、江戸の町の中心部には、日比谷入江《ひびやいりえ》という細長い入り江が存在していた。これは現在の山手線《やまのてせん》の内側まで伸びており、皇居の東側、**日比谷公園のあたりまでは海の中だった**わけである。徳川家康は、神田山を崩してこの入り江を埋め、川の流れを変えたり、運河を開削《かいさく》したりといった土木工事を繰り返し、江戸の町を大きく様変《さまが》わりさせていった。のみならず江戸城をはじめ、武家屋敷や寺社、道路交通網などを整備し、結果、江戸は世界有数の大都市へと変貌していったのである。

しかしながら、家康入府以前の江戸が「まったくの未開地であった」ということに関しては、少々懐疑的《かいぎてき》な面がある。確かに、『武江年表《ぶこうねんぴょう》』という史料には「御城の辺《ほとり》、葦沼《あしぬま》汐入《しおいり》等の地にして田畑も多からず、農家寺院さへ《え》所々に散在せし」とあり、沼地ばかりで田畑が少なく、人家もまばらな町であったとつづられている。しかし、このあたりの言い伝えは、家康をはじめとする**歴代徳川将軍の業績を過大に見せるための誇張ではないか**ともいわれているのである。そのあたりは、順次、本文にて解説を加えていくこととしよう。

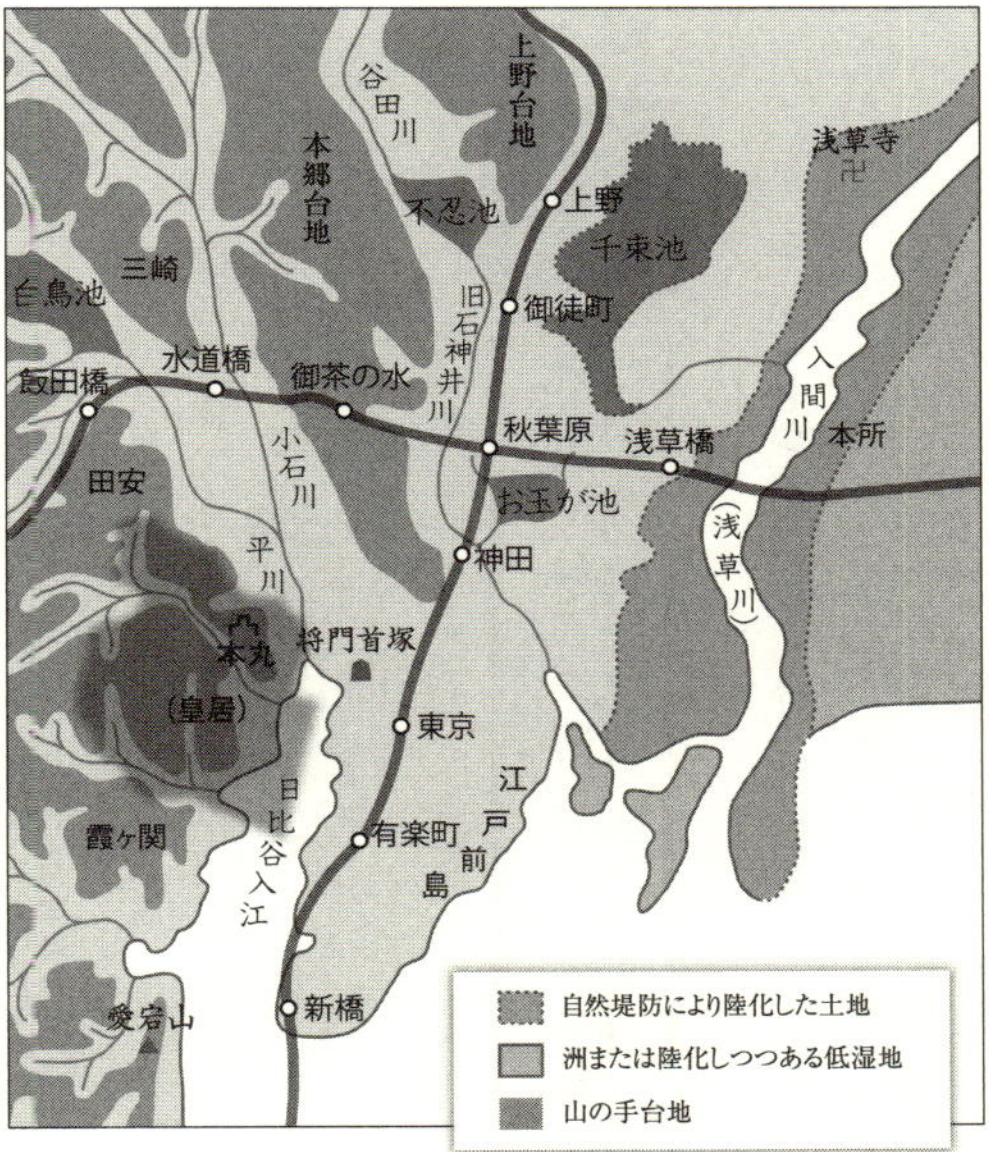

▲東京のど真ん中、山手線の内側にまで、細長い入り江が伸びていた!（『スーパービジュアル版江戸・東京の地理と地名』[鈴木理生著・日本実業出版社]の図を参照し、山手線、中央・総武線、皇居のおおよその位置を付加）

さて、本書は、家康・秀忠《ひでただ》・家光《いえみつ》・家綱《いえつな》という四代にわたる将軍による江戸の町づくりを中心に、家康以前と五代将軍以降の江戸・東京の変遷についてもページを割《さ》いた。２０２０年の東京オリンピック開催によりさらに大きく変わるこの都市の歴史を、あらためて見直していくことにしよう。

徳川四代　大江戸を建てる！　驚きの江戸の町づくり……◎目次

はじめに……2

江戸・東京　変遷の歴史年表……4

プロローグ……8

《序章》家康入府以前［太古〜1590年］は未開の地だった江戸　17

①ヤマトタケルが名づけた「吾妻」……18

『古事記』にみる関東の姿／律令体制下の江戸

②坂東武者の登場……22

反骨心を持った侍たち／武士の登場と将門の乱

③「江戸」の始まり……26

坂東武者・江戸重長の登場／江戸氏の繁栄と没落

④太田道灌による江戸築城……30

室町時代の関東／江戸城築城

⑤戦国時代の関東と江戸……36
迫る北条氏の影／旧勢力を駆逐する北条氏／古河公方の最期と関東管領

《第1章》初代将軍・徳川家康〔1590〜1605年〕が江戸を変える 41

①戦国最終勝利者・徳川家康の英断……42
重荷を負うて遠き道を行くがごとし／江戸をつくり替えた家康
②江戸が徳川の本拠となった本当の理由……46
江戸入府は秀吉による嫌がらせだった？／家康が自分の意思で江戸を本拠と定めた？／江戸はどれほど田舎だったのか
③家康が江戸城の大改築を行なわなかった理由とは……52
家康は江戸が嫌いだった？／家康も苦しめられた天下普請
④飲み水がない？ 行け、忠行！……56
家康が最初にやらなければならなかったこととは／神田上水の整備

⑤なぜ、家康は運河を開削したのか……60
飲料水の次に大切なものとは／切り開かれた塩の供給路／苦心の末に生み出された道三堀
⑥江戸城下の整備と天下普請への準備……66
江戸城の整備／江戸城下町の整備／征夷大将軍による江戸城大増築計画発表
⑦日本橋架橋と道路網の整備……72
天下人が架けた橋／江戸の町を支えた水上輸送
⑧天下人は金をも操る……78
貨幣制度の成り立ち／金座と銀座／複雑だった三貨制度
■江戸をつくったキーパーソン▼❶ 大久保忠行（主水）……84
江戸上水道を切り開いた男

《第2章》 二代将軍・徳川秀忠［1605～1623年］が天下泰平の基礎をつくる

87
①天下泰平の基礎をつくった二代目……88

徳川の家督を継いだ三男坊／恐妻家？　実は隠し子もいた？
②ついに始まった天下普請①　山を崩し、海を埋めろ！ ……92
大胆な発想で埋め立てが進められた／埋め立て準備と水路の確保
③ついに始まった天下普請②　江戸城・天守閣の竣工 ……96
城と天守／江戸城の縄張を担当したのは？／巨大で実戦的な天守
④なぜ、第二次天下普請はすぐに終わったのか ……106
続けられた江戸改修工事／1年足らずで終わった第二次天下普請
⑤日光東照宮と吉原 ……110
関八州の鎮守とならん／不自然な江戸の町に生まれたものとは
⑥第三次天下普請と新天守 ……114
新たに生まれた川／元和天守の誕生
⑦利根川の流れに挑む ……118
利根川東遷の理由と内容／関東郡代・伊奈氏の活躍
■江戸をつくったキーパーソン▼❷　伊奈忠次 ……122
関東の民政をつかさどった男

《第3章》

三代将軍・徳川家光［1623～1651年］が幕政を整備する

125

①**祖父を愛した生まれながらの将軍**……126
父母の愛をうけずに育った？／幕政の整備・拡充に努めた三代将軍

②**家光は、なぜ天守をつくり替えたのか**……130
第四次、第五次天下普請／またも天守はつくり直された！

③**寛永寺の建立と寺社の発展**……134
幕府の菩提所・寛永寺／江戸っ子を沸かせた天下祭

④**日光東照宮の大改修**……138
家光が東照宮改修に踏み切った理由とは／大規模だった東照宮改修

⑤**幕府の職制と江戸城**……142
整備されてきた幕府の職制／江戸城本丸の概要／本丸・表と中奥

■**江戸をつくったキーパーソン▼③ 南光坊天海**……152
伝説に彩られた黒衣の宰相

《第4章》

四代将軍・徳川家綱〔1651〜1680年〕が未曾有の災害を乗り越える

155

①災害を乗り越えた幼き将軍 ……156
幼き将軍を支えたのは？／前途多難な幕開け

②人口増で飲み水が不足！ ……160
新たな上水道の開削へ／その後の上水道網の広がり

③すべてを灰燼に帰した明暦の大火！ ……164
前代未聞の大災害／16歳の少年将軍はその時、何をしていたのか

④なぜ、天守は築かれなかったのか ……169
震災直後の復興支援とは／四代目の天守はどうなったか

⑤新しい江戸の町は防災タウン？ ……173
幕府は江戸の町を広げていった／町の広がりから生まれた江戸名物／減災志向の町づくり

■江戸をつくったキーパーソン▼❹ 玉川兄弟 ……180
謎の多い兄弟／玉川家の栄光と没落

《第5章》

移り変わるそれからの江戸と東京［1680年〜現代］

①移り変わる首都の姿……184
江戸を変えた将軍たち／困難を乗り越えてきた首都・東京

②幕政改革の時代へ……188
改革を主導した八代将軍・吉宗／鷹場復活の真意とは／大政奉還と変わりゆく江戸

③文明開化の時代へ……194
手探りで始まった明治維新／ざんぎり頭をたたいてみれば……

④繁栄と崩壊の大正時代……200
花開いた市民文化／首都を襲った大震災

⑤太平洋戦争と戦後復興……206
軍国主義への道／敗戦からの復興

おわりに……212

西暦・和暦対照表……214

本書では、一般の方の読解の便宜を図るため、「年」の表記に当たっては、西暦を記載することとしました。実際には旧暦と西暦とでは月日にずれが生じますが、統一を図り、混乱を防ぐために、あえて西暦に換算はしていません。たとえば、徳川家康の誕生日は「天文11（⇒1542）年12月26日」であり、西暦に換算すると「1543年1月31日」になりますが、誕生日が不明の人物や正確な月日が不明の事件などもあるため、統一のためにあえて西暦への換算はせず、1542年の生まれとしています。（平治元年［⇒1159年］12月に起こった「平治の乱」は西暦に換算すると1160年の出来事ですが、通常1159年の出来事として記憶されることなどに準じています）

また、年齢については満年齢を記載しました。こちらも、誕生日が不明の人物もいるため、誕生日にかかわらず、その年に迎える満年齢を記載しています。

《序章》

家康入府以前［太古〜1590年］は未開の地だった江戸

① ヤマトタケルが名づけた「吾妻」

◎『古事記』にみる関東の姿

古代における関東地方はどのような姿だったのだろうか。まずは、神話に描かれている関東の姿をみてみることから始めよう。

現存する日本最古の歴史書『古事記《こじき》』によれば、天照大神《あまてらすおおみかみ》の孫（天孫《てんそん》）に当たる邇邇芸命《ににぎのみこと》は日向国《ひゅうがのくに》（現在の宮崎県と鹿児島県の一部）に降臨《こうりん》したとされている。やがてその子孫である神武《じんむ》天皇は難敵と戦いながら東に向かって軍を進め、大和《やまと》に移座して国を治めるようになる。これが大和朝廷の始まりとされる。神話の世界がどれほど、史実を反映しているのかについては、ここでは議論を避けるが、いずれにせよ、大和国《やまとのくに》（現在の奈良県）を中心とする豪族の連合政権が、徐々に勢力を拡大し、日本国を統一して大和朝廷になったことは史実とみて間違いないだろう。

そして、関東地方もまた、当初は多くの豪族たちが、それぞれの支配する地域を治《おさ》めていたのだが、徐々に大和朝廷の支配下に組み込まれるようになる。その様子を神話化したとされるのが、**ヤマトタケルの物語**である。

ヤマトタケルノミコトは『古事記』では「倭建命」、『日本書紀』では「日本武尊」と表記される。第十二代景行《けいこう》天皇の皇子である。ヤマトタケルは、まず父である景行天皇より「西にクマソタケルという朝廷に服さない者どもがいるので討伐《とうばつ》せよ」との指令を受ける。そこでヤマトタケルは女装して安心させてクマソタケルを討《う》ち取り、その帰り道にはイズモタケルをも成敗《せいばい》している。

▲歌川国芳が描いたヤマトタケルの浮世絵〈部分〉（国立国会図書館蔵）

次に天皇はヤマトタケルに、東国の「荒《あら》ぶる神、また伏《まつろ》はぬ人等《ひとども》」を征伐し、治めよという。「荒ぶる神」とは、**東国にいた豪族たちを神話化したもの**だと考えてよいであろう。命《めい》を受けたヤマトタケルは数々の困難な目に遭《あ》いながら、東国平定の旅を続けた。その中でも最大の苦難といえるのが、浦賀水道《うらが》での海難であろう。船で移動中のヤマトタケルの一行を激しい高波が襲ったのである。それは地元の海神による襲撃であった。船が難破《なんぱ》せんばかりに激しく揺《ゆ》れ、絶体絶命の危機に陥《おちい》ったその時、一行の中にいたヤマトタケルの愛妻・弟橘比売命《おとたちばなひめのみこと》が、ヤマトタケルの身代わりとなって海へと身を投じ、荒ぶる海神の心を鎮《しず》めたのだ。この弟橘比売の尊い犠牲により、先程までが嘘のように海が静まり、ヤマトタケルは東征を続けることができたのである。

その後、ヤマトタケルは、東国の神々（豪族たち）を平定することに成功する。その帰り道、足柄山《あしがらやま》を通ったヤマトタケルは、坂の上から大きくためいきをついて「吾妻《あづま》やは（わが妻よ）」と嘆《なげ》いたとされる。ここから東国のことを「あづま」というようになったというのである。

◎律令体制下の江戸

ヤマトタケルの神話に象徴されるように、徐々に大和朝廷の支配下に入ることになった関東地方は、国郡里制の施行により、いくつかの国に分けられた。江戸を含む地域は「武《む》蔵国《さしのくに》」と名づけられる。この「むさし」の語源について『続日本紀《しょくにほんぎ》』には「武を戢《おさ》めて文を崇《とうと》ぶ」と載《の》っているのだが、異説も多い。茨《いばら》などが旅人の胸を刺すことから「胸刺し」→「むさし」となったというものもあり、**武蔵国に未開の原野が多かった**ことを暗示しているようである。そのことを示す古典文学の名作がある。平安時代に書かれた『更級日記《さらしなにっき》』だ。菅原孝標女《すがわらのたかすえのむすめ》によって書かれたこの本には、

「今は武蔵の国になりぬ。ことにをかしき所も見えず。浜も砂子《すなご》白くなどもなく、こひぢ《い》のやう《よ》にて、むらさき生《お》ふ《う》と聞く野も、蘆荻《あしおぎ》のみ高く生《お》ひ《い》て、(今は武蔵の国に着いた。特に風流に思えるところはない。浜に砂浜などなく、泥土のようで、紫草《むらさきぐさ》が生《は》えているということで古歌などに歌われた野にも、葦《あし》や荻《おぎ》ばかりが生えている)」

といった感想が書かれている。

大和朝廷の律令体制下におかれ、徐々に交通網等の整備がなされてきたとはいえ、京の都からやってきた人々にとっては、はるかなる原野、未開の地という印象が大きかったのであろう。それゆえ、在原業平《ありわらのなりひら》がモデルとされる『伊勢《いせ》物語』の主人公も、東国を旅しては都を思い、涙ばかり流したのである。

② 坂東武者の登場

◎反骨心を持った侍たち

多くの平安貴族たちにとって、関東が未開の地と思われていたのは、その地形だけが原因だったのではない。関東地方は、朝廷の支配下に入ったとはいえ、完全に服従していたわけではなかった。京の都から近からず、遠すぎずという距離も関係したことであろうが、平安時代の関東には、京の支配、より直近には、京から派遣されてくる国司《こくし》ら官吏《かんり》に対して反抗の姿勢をみせる者が多くいたのである。それも雅《みやび》な貴族たちが恐れおののくような少々乱暴なやり方で、である。

861年の武蔵国は「凶猾党《きょうかつ》を成《な》し、群盗山に満《み》つ（『日本三大実録』）」、すなわち、群れを成した盗賊たちが跋扈《ばっこ》している状態だったという。これに対し朝廷は、各郡に1名、あわせて21名の検非違使《けびいし》を派遣して鎮圧に当たらせた。また、889年には、関東一帯で物部氏永《もののべのうじなが》を首領とする盗賊が大規模な反乱を起こしている。この鎮圧には10年以上の月日がかかった。さらに、899年には関東甲信越地方で「僦馬《しゅうば》の党」という強盗集団が暴《あば》れまわっている。

この当時の京都といえば、藤原氏がはじめて関白《かんぱく》となり（887年）、菅原道真《すがわらのみちざね》が遣唐使《けんとうし》中止を建白《けんぱく》する（894年）。『古今和歌集』が編纂《へんさん》されたのもこの頃（905年）である。このように雅な雰囲気が漂《ただよ》っていた京の中央政府に対し、反乱の姿勢を示す気風が、関東には確実にあったのである。

▲平安末期に描かれた『伴大納言絵巻〈写本〉』に登場する武士［上］と貴族たち［下］〈部分〉（国立国会図書館蔵）

武士の登場と将門の乱

10世紀頃になると「武士」と呼ばれる人々が各地に現れる。「武士」とは、土地を開拓した開発領主たちが、

▲月岡芳年が描いた平将門の浮世絵（国立国会図書館蔵）

土地を守るため武装した者をいう。彼らは土着《どちゃく》した貴族に属して郎党になったり、あるいは朝廷や貴族に「侍《さぶら》ひ《ぃ》（仕《つか》え）」、勢力を拡大していった。中には、大胆に朝廷に反乱を起こす者がいた。それが**平将門**《たいらのまさかど》である。

平将門は、平安京をつくった桓武《かんむ》天皇の子孫で、下総国《しもうさのくに》（千葉県北部～茨城県南部周辺の地）を本拠《ほんきょ》として土着した武士である。若い頃には摂関家に仕えていたこともあるが、地元で一族の争いや、他の豪族と国司との争いに巻き込まれる形で、ついに常陸国《ひたちのくに》（茨城県の大部分）の国府を焼き払ってしまう。こうして、朝廷に対する反逆者となった将門は、その後、下野国《しもつけ》（栃

木県）、上野国《こうずけ》（群馬県）、武蔵国なども支配下に治めると、自らを「新皇《しんのう》」と称し、**関東の独立を宣言する**のである。

しかし、将門は、親戚でもある平貞盛《さだもり》らによって討たれ、関東独立の夢は数カ月で終わるのだが、その後も何か騒乱事件が起こるたびに、「まるで将門の乱が起こったかのようだ」と引き合いに出されるほど、都の貴族たちに与えた衝撃は大きかった。

その後も、「坂東武者《ばんどうむしゃ》」と呼ばれた関東の武士たちは、平忠常《たいらのただつね》の乱など、朝廷に対する反乱事件を起こしている。このののち、清和《せいわ》天皇の子孫である源頼義《みなもとのよりよし》・義家《よしいえ》父子が、東北の反乱を平定する際、関東から人馬を集めた。こうして、今度は、清和源氏が勢力を持つようになるのである。

《桓武平氏略系図》

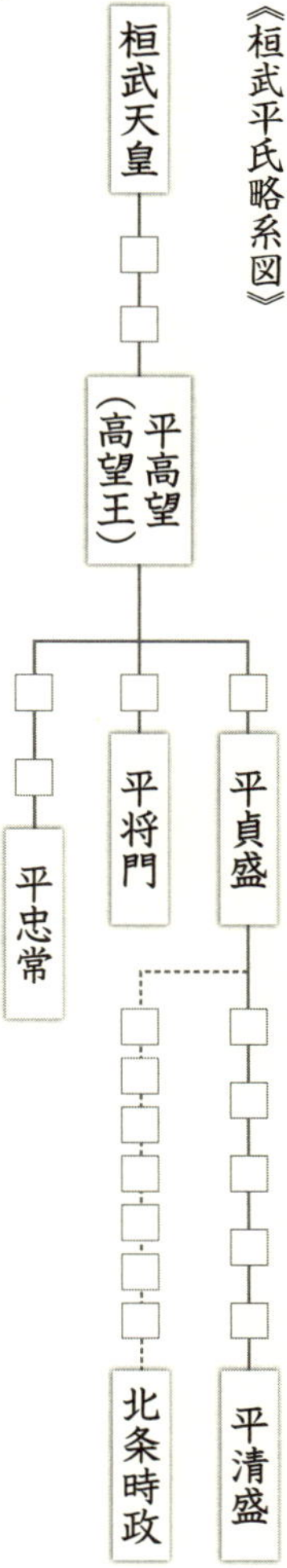

③「江戸」の始まり

◎坂東武者・江戸重長の登場

平安時代も末期となると、皇族や摂関家《せっかん》の権力争いに乗じて力をつけた平清盛《きよもり》率いる伊勢平氏が台頭する。平清盛は太政大臣《だいじょうだいじん》という最高の官職を得て朝廷に君臨し、平氏は「この一門にあらざらん者は、みな人非人《にんぴにん》たるべし」といわれるほどの繁栄を遂《と》げた。さらに後白河《ごしらかわ》法王を幽閉し、安徳《あんとく》天皇の外戚《がいせき》としてついに、**武士が朝廷の実権をにぎった**のである。

しかし、「驕《おご》れる者久しからず」。やがて、平家は、源頼朝《よりとも》を奉《ほう》じた東国武士団に圧倒され、壇ノ浦《だんのうら》の戦いで滅亡することになる。この「源平合戦《げんぺいがっせん》」のことなどが記された書物の中に、はじめて「江戸」という文字が登場する。その書物とは、源平合戦の時代から鎌倉時代前半までを描いた歴史書『吾妻鏡《あずまかがみ》』である。

そこに登場するのは、地名ではなく、「**江戸《えど》太郎重長《しげなが》**」という人名である。しかしながら、当時の武者たちは自分の治める土地の名を姓としていた場合が多く、江戸氏の場合

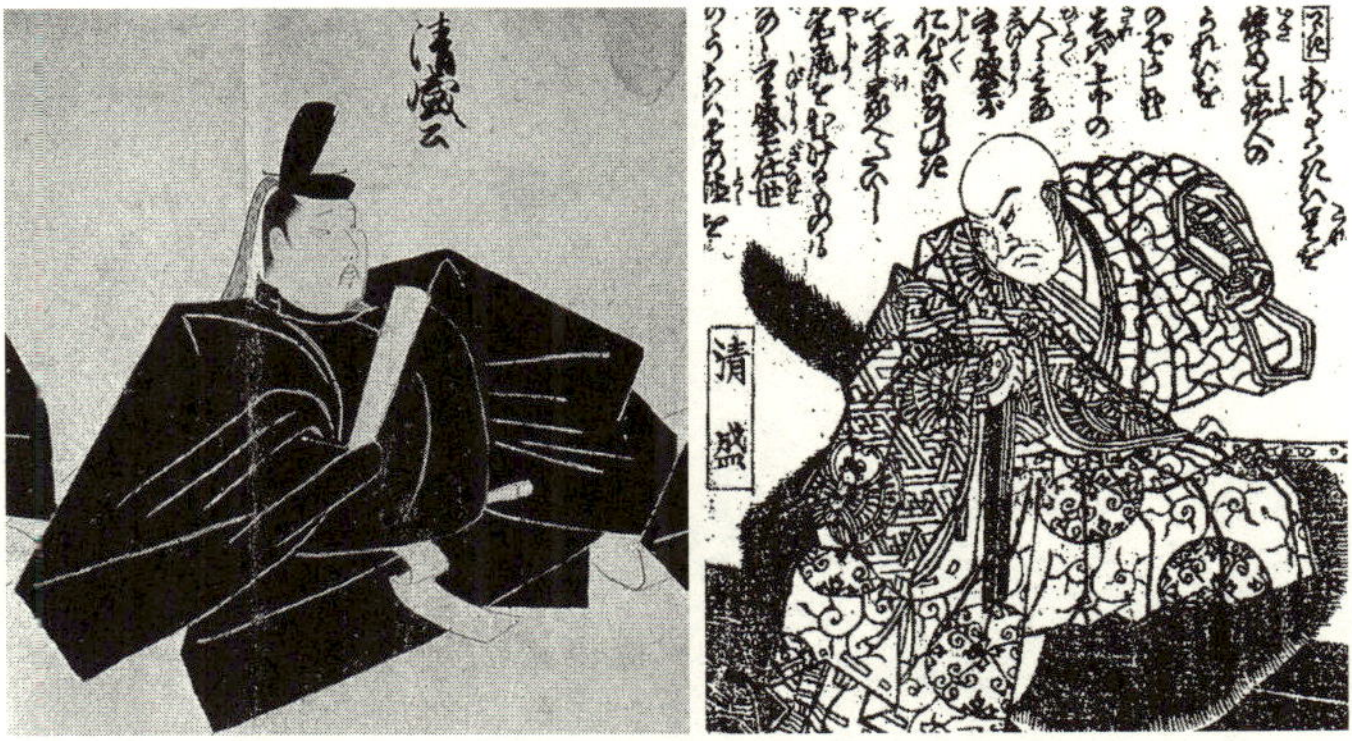

▲南北朝時代の絵巻物に描かれた衣冠束帯姿の平清盛[左]と明治時代の書物に描かれた入道姿の平清盛[右]（国立会図書館蔵）

も同様であろう。

江戸氏は、武蔵国秩父《ちちぶ》郡周辺（埼玉県秩父市周辺）を治めていた秩父氏から分かれた江戸重継《しげつぐ》を始祖とする有力な坂東武者であり、その本拠となる館《やかた》は、のちに江戸城本丸《ほんまる》が築かれる場所とされる。

そして、この重継の長男に当たるのが江戸重長である。彼は、打倒平氏の兵を挙《あ》げた源頼朝に敵対する平氏方の武将として登場。1180年8月26日のことである。その際、源氏方の老将・三浦義明《よしあき》を、河越《かわごえ》太郎重頼《しげより》らとともに討つなどの功績を挙げている。

しかし、形勢は源氏方に有利に動く。頼朝からも江戸重長のもとに味方になるよう促す誘いも届く。機《き》を見るに敏《びん》なところもあったのであろう。三浦義明を討った衣笠城《きぬがさじょう》の戦いから一カ月半と経

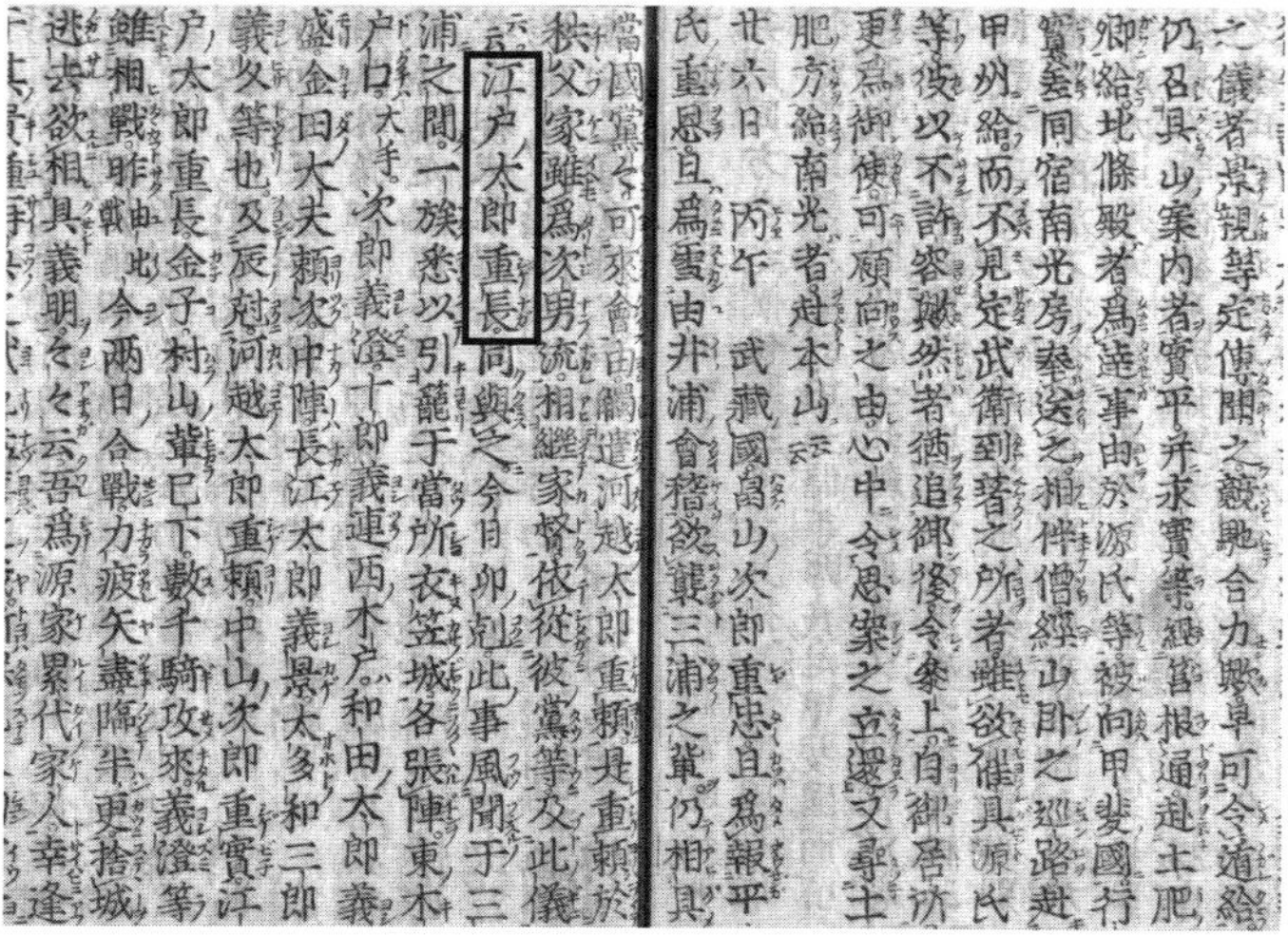

▲鎌倉幕府の事績を記した『吾妻鏡』〈江戸時代初期の写本〉。「江戸太郎重長」の文字が見える（国立国会図書館蔵）

たない10月4日、江戸重長は、河越重頼らとともに源頼朝の配下に下ったのである。

◎江戸氏の繁栄と没落

1185年、壇ノ浦の戦いで源氏は平氏を滅亡させた。これより前、源頼朝は本拠地を鎌倉に定めていたが、ここを政権の拠点とした。はじめての武家政権となる鎌倉幕府の誕生である。

一方、江戸氏は将軍と主従関係を結んだ幕府の有力な御家人《ごけにん》として**鎌倉時代を通じて大きく発展していく**。その所領は、浅草、蒲田《かまた》、渋谷、阿佐ヶ谷《あさがや》など広範囲にわたっていくのである。

▲馬上の敵と戦う源頼朝。吉川英治著『源頼朝』より（国立国会図書館蔵）

しかし、鎌倉幕府が滅び、室町時代（南北朝時代）が訪れると、状況は一変する。

1368年、武蔵国の武将たちが、室町幕府の出先機関の人々等に対して反抗の意を示したのである。いわゆる「平一揆《へいいっき》」であり、これに江戸氏も参加していた。

中央政府やその支配下にある人々に対して反意を示す坂東武者の気質は、数百年を経ても健在だったというべきであろうか。

結果、乱は平定され、江戸氏は所領の多くを没収され、その繁栄は終わりを告げるのである。

④ 太田道灌による江戸築城

◎室町時代の関東

ここで、江戸氏が没落していった室町時代の関東地方の状況についてまとめておこう。室町幕府は、これまで幕府のあった鎌倉に**「鎌倉府」という地方機関**を置き、関東8カ国および伊豆と甲斐《かい》を治めさせた（のちには陸奥《むつ》・出羽《でわ》、すなわち東北地方も管轄となる）。初代鎌倉公方《くぼう》（鎌倉府の長官）には、足利尊氏《たかうじ》の子である足利基氏《もとうじ》が着任した。以降、この鎌倉公方は、足利基氏の子孫が世襲していくことになる。一方、この鎌倉公方を補佐する役目を負《お》ったのが、関東管領《かんれい》であり、この役職は、足利尊氏の従兄弟《いとこ》に当たる上杉憲顕《のりあき》以降、上杉氏が世襲していく。

端的にいえば、室町幕府が将軍とそれを補佐する管領によって日本全国を治めていたように、関東地方については、鎌倉公方（ちなみに、『公方』とは『将軍の尊称』）とそれを補佐する関東管領によって治められていた。いわば、「ミニ幕府」のような支配体制がつくられていたのである。

しかし、このミニ幕府とでもいうような、室町幕府から半ば独立した関東の政治体制が、のちに大きな禍根《かこん》を残すことになる。四代鎌倉公方に当たる足利持氏《もちうじ》が、権力を拡大し、幕府に反抗する姿勢をみせ始めたのである。本来、足利氏は下野国足利荘（栃木県足利市）を本拠とした坂東武者である。中央政府に対して、反逆の意を示す傾向にある坂東武者のDNAが、足利持氏の体の中にも脈々と流れていたのかもしれない。

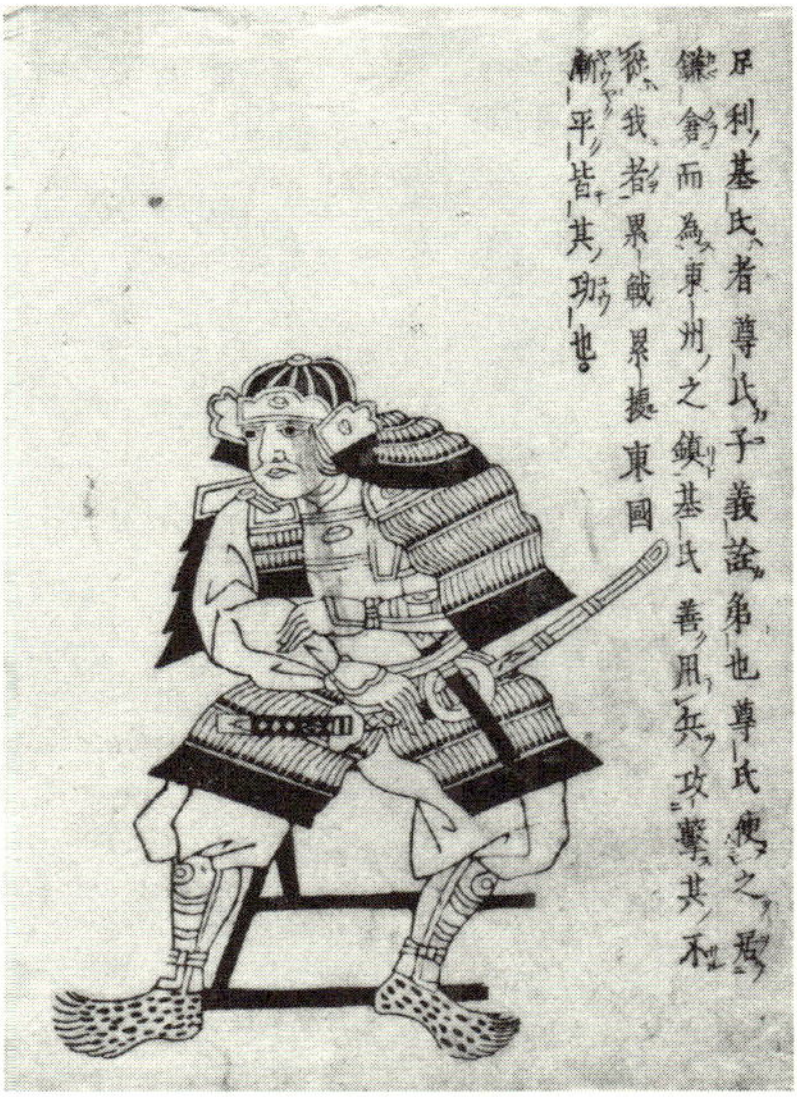

▲初代鎌倉公方足利基氏

しかしながら、本来、鎌倉公方の補佐役であるはずの**関東管領上杉憲実《のりざね》**は、幕府側についた。上杉氏の祖は上方《かみがた》から鎌倉へ下向《げこう》した家柄であり、生粋《きっすい》の坂東武者ではなかったことも、もしかすると、遠因といえるかもしれない。実はそれ以前から、鎌倉公方と関東管領は対立することもあり、鎌倉公方足利持氏に対し、挙兵して敗《やぶ》れた上杉禅秀《ぜんしゅう》（氏憲《うじのり》）のような例もあった。

1438年、足利持氏は上杉憲実

▲自害する鎌倉公方足利持氏。『結城合戦絵巻』の写本〈部分〉より（国立国会図書館蔵）

を討つべく兵を挙げた。すると室町幕府は上杉憲実を支持し、足利持氏追討の兵を送る。次第に不利な状況に陥った足利持氏は、自害して果てた。これを**永享《えいきょう》の乱**という。

足利持氏の死去により、鎌倉公方は滅亡したが、その後、鎌倉公方となった持氏の子・足利成氏《しげうじ》が、上杉憲実の子で関東管領の憲忠《のりただ》を殺害したのである（享徳《きょうとく》の乱）。

これにより、幕府と対立するようになった鎌倉公方・足利成氏は、拠点を下総国古河《こが》（茨城県古河市）に移し、足利成氏とその子孫は、「古河公方」と称されるようになる。対して幕府は足利一族の政知《まさとも》を鎌倉公方として派遣。政知は伊豆の堀越《ほりごえ》を拠点としたので堀越公方と呼ばれた。こうして、**旧利根川を境に、古河公方陣営と関東管領・幕府側（堀越公方）の陣営がにらみ合う状況が続いていく。**その対立の中で登場するのが、太田道灌《おおたどうかん》である。

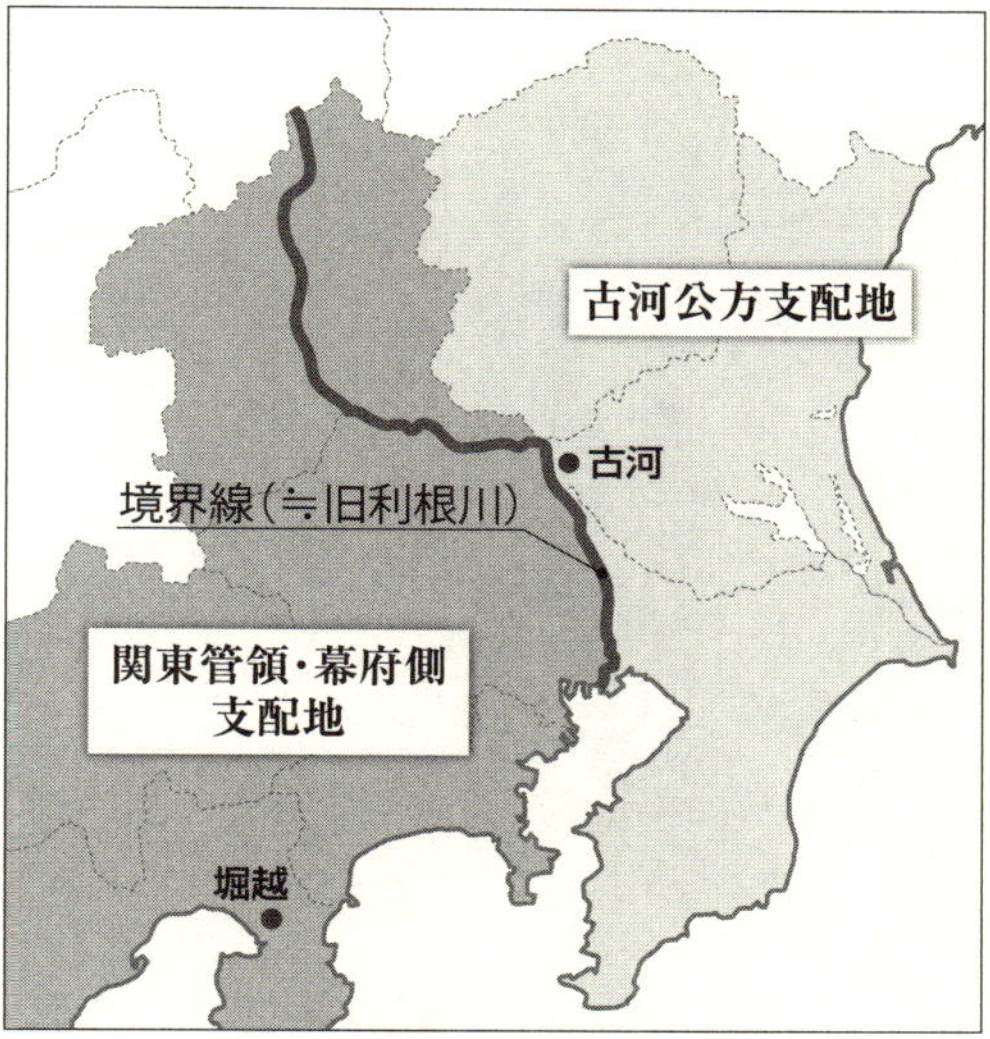

▲旧利根川を境に争う古河公方と関東管領

◎江戸城築城

古河公方との争いが激化する中で、関東管領上杉氏は、武蔵国岩付《いわつき》（埼玉県さいたま市岩槻区）、河越《かわごえ》（埼玉県川越市）などに城を築く。これらの築城も手掛けたとされるのが上杉家の家宰《かさい》・太田道灌である。そして、その道灌が居城として築いたのが、江戸城であった。道灌は、１４５６年から翌年にかけて、かつて江戸氏の居館だった場所に、のちに江戸幕府の中心地と

▲江戸城を築いた太田道灌

なり、**現在の皇居へとつながる江戸城を建築した**のである。

当時の江戸城の正確な姿は明らかになっていないが、いくつかの史料から推測されるところでは、土塁《どるい》や堀で囲まれた三つの郭《くるわ》（城の敷地）があり、本丸に当たる中郭には、「静勝軒《せいしょうけん》」といわれる三層の櫓《やぐら》がそびえ、その西には富士を望む含雪斎《がんせっさい》、東には水の流れを見下ろす泊船亭《はくせんてい》という建築物があったという。のちの時代につくられた強固な石垣や高層天守閣《てんしゅかく》を誇る城とは比較できないが、当時としては、かなり豪壮なものであったと伝わっている。

この江戸城を中心に、太田道灌は上杉氏配下の有力な武将として、武蔵、相模《さがみ》両国を実質的に束《たば》ねていた。また、道灌は、武将、政治家、建築家としてすぐれていたばかりでなく、漢詩や和歌などの素養もある文化人でもあった。そんな道灌と会うために江戸城を訪

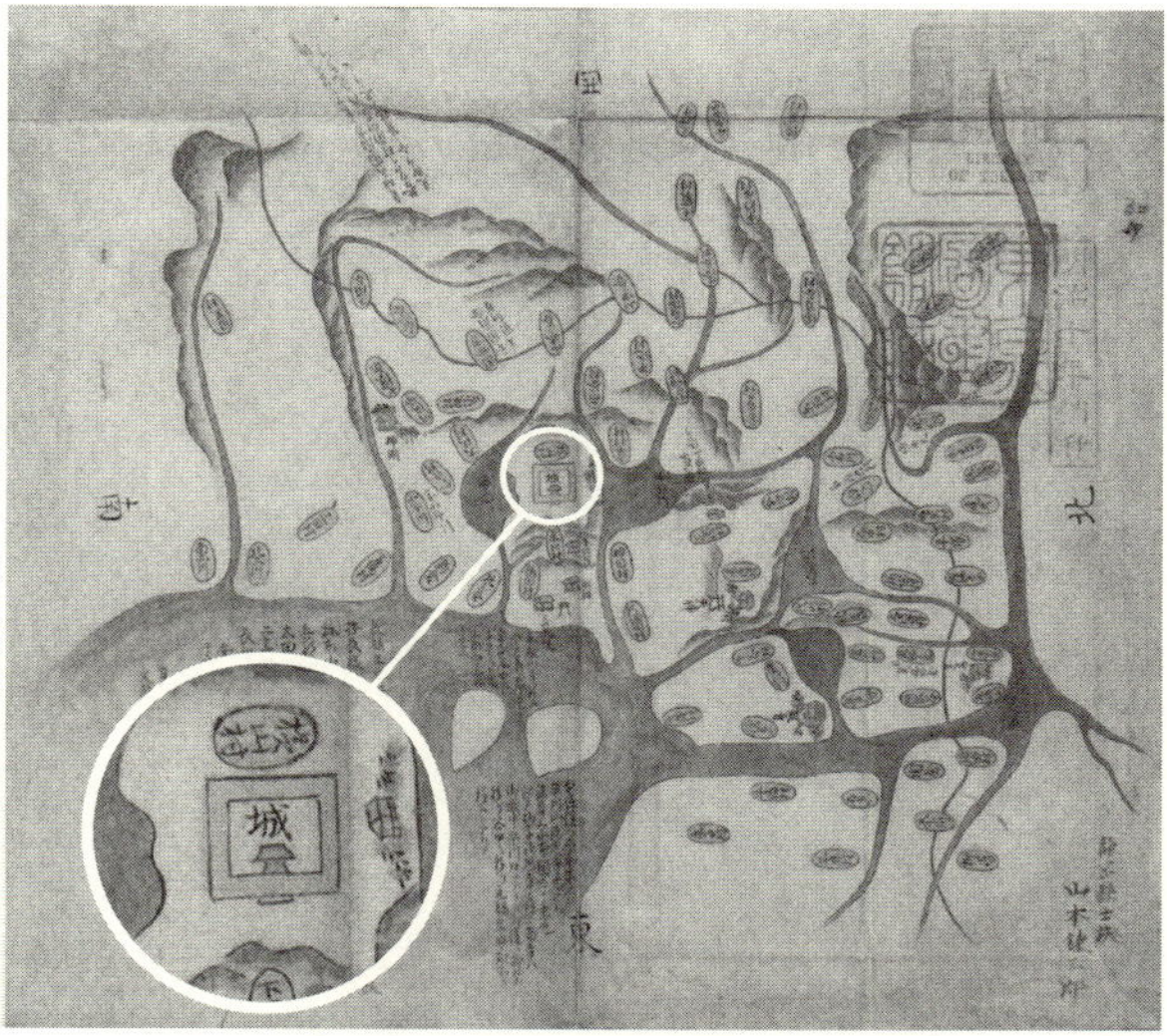
▲長禄年間［1457〜1460年］のものとされる江戸の地図『長禄年中江戸図〈明治の写本〉』（国立国会図書館蔵）

れる文化人なども多かった。上図にもある通り、水路にも恵まれた江戸の町には、多くの商人も集《つど》い、寺社なども創建された。**城下町は多くの人でにぎわうようになった**という。

そんな江戸の町を築いた太田道灌であったが、その末路《まつろ》は悲惨であった。暗殺されたのである。しかも命じたのは、道灌が懸命に仕えてきた主君の上杉定正《さだまさ》であった。暗殺の理由は、道灌の勢力を恐れたためとも、敵対勢力の讒言《ざんげん》にあったためともいわれている。

5 戦国時代の関東と江戸

◎迫る北条氏の影

近年、関東の戦国時代は応仁の乱よりはやく始まったというのが定説である。前項で述べた享徳の乱（1454年）が機だとする。その後、戦国の時代の波に、関東地方がどう飲み込まれていくのかを簡単に説明していこう。

すでに古河公方と関東管領の争いが始まっていた関東に触手《しょくしゅ》を伸ばしてきたのは、**戦国大名の先駆けといえる北条早雲《ほうじょうそううん》**である。

北条早雲の出自《しゅつじ》には不明な点もあるが、近年は、室町幕府で要職を担《にな》っていた伊勢一族の人間であるというのが有力である。名称も通常は「伊勢新九郎長氏《いせしんくろうながうじ》」とされる。「早雲」とは出家してから名乗った「早雲庵宗瑞《そうずい》」から来ており、「北条」という姓は、子の氏綱《うじつな》の代から名乗り始めたもの。したがって、北条早雲本人は、決して「北条早雲」とは名乗っていないのであるが、便宜上《べんぎじょう》、ここは「北条早雲」で通すことにしよう。

京都の出身とみられる早雲は、やがて妹（姉とも？）が駿河国《するがのくに》（静岡県中部）の守護・

▲戦国大名の先駆け・北条早雲

今川義忠《よしただ》に嫁《とつ》いでいたことから、これを頼りに駿河国へと下った。１４７６年、その今川義忠が戦死すると、今川家で家督相続の争いが起こる。北条早雲は、妹の子である龍王丸《たつおうまる》（今川氏親《うじちか》）を当主にすべく奮闘し、無事成功。その功績が認められ、今川家臣として重用されるようになり、現在の沼津《ぬまづ》市にあった興国寺《こうこくじ》城を与えられて一城《いちじょう》の主《あるじ》となる。

これだけでも大きな出世なのだが、早雲の野望はそれで終わりではなかった。この頃、隣国の伊豆国（静岡県東部と伊豆諸島）では、足利一族の茶々丸《ちゃちゃまる》が強引に堀越公方の地位を奪い、大きく動揺していた。チャンスとみた早雲は伊豆へ乱入、茶々丸を自害に追い込んで、伊豆一国を手に入れることに成功する。

さらに、早雲は勢力を東に伸ばし、小田原城を攻略し、ここを拠点に相模《さがみ》国（神奈川県の大部分）を支配した。ここに**早雲は、一代で伊豆、相模の二国を領する**大勢力を築いたのである。

◎旧勢力を駆逐する北条氏

早雲の子・氏綱《うじつな》は、さらに勢力をのばし、武蔵国、下総国《しもうさ》（千葉県の一部）へと領地を拡大した。江戸城、河越城などは氏綱の代で北条氏の手に落ちる。さらに、その子・北条氏康《うじやす》の代に大きな転機が訪れる。長い間、争ってきた古河公方足利氏と関東管領上杉氏が、共通の脅威である北条氏に対抗するために協力体制をとったのである。狙うは武蔵国河越城。1546年4月、8万余騎ともいわれる古河公方・関東管領らの大軍勢が、北条氏の重要拠点・河越城を襲ったのだ。

▲北条家を大いに発展させた3代当主北条氏康

河越城兵はわずかに3千騎ほど。城を取り巻く大軍勢の前には、もはや風前《ふうぜん》の灯火《ともしび》と思えた。このとき氏康は小田原から援軍に出向いたが、率いる兵はわずかに8千騎程度。敵軍との戦力の差は明らかである。しかし、氏康は頭を使った。わざと逃げ腰の姿勢をみせ、敵方の油断を誘うなどの作戦を繰り返しつつ、頃合いを見、4月20日の深夜、一気に夜襲をかけたのである。

虚を突かれた連合軍は大いに崩れ、諸説あるものの、1万を超える兵士が討ち死にしたともいわれている。この**「河越夜戦《かわごえやせん》」と呼ばれる戦いでの勝利が、関東地方における北条氏の支配を決定的にした**といってよいであろう。

◎古河公方の最期と関東管領

このの関東地方を治めてきた旧勢力は、北条氏の躍進により、衰退の一途をたどる。足利基氏以来の鎌倉公方の伝統を引き継いできた古河公方足利晴氏《はるうじ》は、その後も北条氏に対決姿勢をとったが、やがて古河城を落とされ、相模国に幽閉《ゆうへい》されてしまう。そして、のちに下総の地で寂しくその生涯を閉じることになる。ちなみに古河公方足利晴氏の死去した8日前に当たる1560年5月19日には、桶狭間《おけはざま》の戦いで織田信長が今川義元を破っている。伝統的権威がまた一つ消え去ると同時に、次なる安土桃山時代の息吹《いぶき》が確実には始まっていたのである。

一方、関東管領上杉憲政《のりまさ》は、河越夜戦ののち、上野国《こうずけ》（群馬県）平井城に逃れていたが、その後も勢力の回復を果たすことはできず、北条の勢力が迫ってくると城を棄《す》て、越後の長尾《ながお》氏を頼る。長尾家当主の景虎《かげとら》は、上杉憲政を保護した。景虎の人柄と義を重んじる姿

▲関東管領の職と上杉の名跡を継いだ上杉謙信

勢に打たれた関東管領上杉憲政は、関東管領の職と上杉氏の名跡を長尾景虎に譲ろうとする。景虎は何度も辞したのだが、やがてその申し出を受ける。こうして上杉憲政より関東管領職と上杉の姓を賜った景虎は、のちに出家後の号と合わせて、「関東管領上杉謙信《けんしん》」と呼ばれるようになる。そして毎年のように、越後から関東平野へ攻め込んで来るようになったのである。

しかし、これをしのいだ北条氏は、現代の関東地方全域とほぼ重なる関八州《かんはっしゅう》（相模、武蔵、安房《あわ》、上総、下総、常陸《ひたち》、上野、下野）の過半を領することとなる。本拠地は早雲以来の小田原城であり、**江戸城は北条氏の重要な支城としての機能を果たし続けた**。

北条氏は、最後まで豊臣秀吉の天下取りに抵抗するが、やがて秀吉率いる大軍勢の前に屈服。これにより秀吉の天下統一が実現し、関八州は豊臣五大老《ごたいろう》の筆頭である徳川家康の領地となる。そして、**ついに徳川家康が江戸の町に第一歩を記すことになる**。

《第1章》

初代将軍・徳川家康［1590～1605年］が江戸を変える

① 戦国最終勝利者・徳川家康の英断

重荷を負うて遠き道を行くがごとし

江戸時代に「織田がつき　羽柴《はしば》がこねし天下餅《てんかもち》　座《ざ》して喰《く》らふは徳《う》の川」という落首《らくしゅ》があったという。織田信長が始め、豊臣（羽柴）秀吉が統一した天下をそのまま横取りしたのが徳川家康だ、といった意味であろう。しかし、実際の徳川家康は、織田信長の同盟者として、あるいは豊臣秀吉に仕える大名として常に戦いの最前線で活躍しており、征夷大《せいいたい》将軍《しょうぐん》となり天下を治めることとなったのは、還暦《かんれき》（60歳）過ぎである。「座して喰らふ」どころか大変な苦労の末に、やっと天下をものにした、といったほうが正しいといえよう。

家康の苦労は幼少時代から始まっていた。 1642年、三河国《みかわ》（愛知県東部）岡崎城主・松平広忠《まつだいらひろただ》の長男として生まれた家康であったが、当時の松平家は駿府《すんぷ》の今川家の支配下にあったため、わずか5歳で人質《ひとじち》に出されることとなる。ところが、薄幸《はっこう》な幼少時の家康は、今川家に人質として送られる途中で身柄を奪われ、尾張国（愛知県西部）の織田家に売られてしまうのである。こうして2年もの間、尾張で過ごした家康は、今度は人質交換で今川家に送られ、10年以上、今川領・駿府で人質として過ごすことになる。ほんの幼い頃から、戦国の世の勢力争いの犠牲となって生きてきたといってよいだろう。

ところが、1560年、桶狭間《おけはざま》の戦いで今川義元が戦死すると、家康は今川家と決別して独立する。結果的に、こののち今川家は滅び、同盟を結ぶことになる織田信長は天下統一への道を突き進むのだから、この時、まだ18歳の青年だった家康の判断は正しかったといえよう。

▲徳川家康の肖像画

織田信長と同盟関係を結んだ家康は、その天下取りに大きく貢献。そして、本能寺《ほんのうじ》の変《へん》で信長が討ち死にした後は、豊臣秀吉と一時敵対するも、やがて臣従《しんじゅう》することになる。その4年後、豊臣秀吉が、関東の覇者《はしゃ》・北条氏を滅ぼして天下統一を果たすと、家康は、北条氏の旧領である**関東への移封**《いほう》を命じられる。こうして、1590年8月1日、徳川家康が江戸入りし、関東地方はあらたな時代へと入るのである。

江戸をつくり替えた家康

江戸に入った家康は、この町を統治しやすいように変えていく。その中身が本章の中心なので、次項以降、詳しく述べていくことにしよう。

1598年の豊臣秀吉の死去を受けて、天下取りに動き出した家康は、1600年、関ケ原の戦いで勝利を収め、事実上の天下人となる。その3年後、征夷大将軍になり、江戸幕府を開くと、**江戸の町は名実ともに日本の政治の中心地となる**のである。

▲江戸入府について話し合う秀吉と家康　明治期の書籍『新撰太閤記』より（国立国会図書館蔵）

以降、江戸の町の整備は急ピッチで進んでいく。また、1605年に家康は、征夷大将軍の座を息子の秀忠《ひでただ》に譲り、徳川家が将軍職を世襲していくことを天下に示した。さらに、1614年の大坂冬の陣、1615年の大坂夏の陣で豊臣家を滅亡させ、日本国を完全に手中に収めるのである。

信長、秀吉とともに戦国時代を生き抜き、ついに天下泰平《てんかたいへい》の世を築いた家康は、豊臣家の滅亡を見届けると、その翌年、静かに息を引き取った。亡くなったのは、**大都市へと変貌を遂げていく江戸の町**ではなく、幼い頃に人質として過ごした駿府の町であった。

◎徳川家康 略年表（※年齢は満年齢）

西暦（年）	年齢	主な出来事
1542	0	岡崎城で誕生
1549	7	今川家の人質となる
1560	18	桶狭間の戦い後、今川家から独立
1562	20	織田信長と同盟を結ぶ
1564	22	三河国統一
1572	30	三方ヶ原の戦いで武田信玄に惨敗
1582	40	本能寺の変後、決死の伊賀越え
1584	42	小牧・長久手の戦い
1586	44	豊臣秀吉に臣従
1590	48	江戸入府
1600	58	関ケ原の戦い
1603	61	征夷大将軍となり、江戸幕府を開く
1605	63	秀忠に将軍職を譲る
1615	73	大坂夏の陣で豊臣家を滅ぼす
1616	74	駿府城にて没

2 江戸が徳川の本拠となった本当の理由

江戸入府は秀吉による嫌がらせだった？

さて、徳川家康が関東移封する際、**そもそもなぜ、その拠点を「江戸」と決めたのだろうか**。本来、北条氏の所領が与えられたのであれば、これまで北条氏が本拠としていた小田原城を、その中心地とするのが自然の成り行きではないだろうか。

北条治下《ちか》において小田原の町は大きな発展を遂げてきた。ましてや、小田原城は、かの武田信玄や上杉謙信をもってしても落とすことができなかったという難攻不落《なんこうふらく》の城である。このたびの豊臣秀吉による小田原攻めも、ほとんどが大軍で城を取り囲んでの心理戦であり、大きな戦闘は行なわれなかった。つまり、ほぼ無傷の状態なのである。ここを徳川の居城にするというのが自然な考えなのではなかったか。

もし、なんらかのさし障《さわ》りがあって、小田原の町がダメだとしたら、次の候補地は鎌倉ではなかっただろうか。かつて源頼朝が幕府を開いた地であり、その後も鎌倉公方が関東を治めていた実績のある地である。それなのに、なぜ家康は、小田原でも、鎌倉でもなく、江戸の地を本拠地としたのだろうか。

よく知られているのは、江戸を本拠地と定めたのは、家康ではなく、秀吉の意思だ、というもの。その理由は、主に二ついわれている。一つには、まだ服従したばかりで不穏《ふおん》な動きが懸念《けねん》される関東や東北への抑《おさ》えとして、地理的に好条件の江戸を指定した、という説である。なるほど確かに東北の抑えという面からすれば、鎌倉や小田原では少々遠すぎる。豊臣政権下で最強とされる徳川家を東日本の抑えとするからには、江戸はほどよい場所である。

もう一つは、北条政権下で大いに栄えていた小田原ではなく、**閑散《かんさん》とした田舎である江戸を拠点とさせることで、徳川家の力を削《そ》いだ**、という説である。

しかしながら、秀吉指定説は近年、疑問視されつつある。実は、江戸を本拠と定めたのは、家康自身の意思だったという見方が強くなってきているからだ。

家康が自分の意思で江戸を本拠と定めた？

1660年に成立した川越藩家老《かろう》の覚書《おぼえがき》である『石川正西聞見集《いしかわしょうさいぶんけんしゅう》』には、以下のような一文がある。

「小田原落城之後《ののち》、秀吉公会津迄《まで》御下有《おくだりあり》て家康様御在城は江戸可然《しかるべか》らんと御めき、のよし」すなわち、「小田原城落城の後に秀吉が会津まで下った際、徳川家康の居城は江戸がしかるべきであろうといった」というのである。これが、江戸入府を決定したのは秀吉だったという根拠の一つにもなっている。しかし、この書物はあくまで個人による記録であり、一部には矛盾《むじゅん》も指摘されている。100%信じてよいのかは疑問が残る。

一方で、幕府により編纂《へんさん》された『朝野旧聞裒藁《ちょうやきゅうぶんほうこう》』という書物の中に次のような記述がある。

「神君《しんくん》（家康）天正十八年八月朔日《ついたち》入国之砌《のみぎり》、浦和之《うらわの》地を御在城に可被遊御取立哉之旨《おとりたてあそばさるべきやのむね》、御自身御見分《ごけんぶん》を被遂候《とげられそうろう》に御要害は宜敷被爲思召候得共《よろしくおぼしめされそうらえども》、津口船入要敷《つぐちふないりあしき》に依《より》て被相止《あいとどめられ》江戸城二取極被遊候《にとりきめあそばされそうろう》」

つまり家康は、関東に移封となった際、浦和《うらわ》（埼玉県さいたま市浦和区）を居城にしようとして自ら視察したのだが、要害の地としてはすぐれているが、水運がよくないのでこの地はやめ、江戸城を居城と決めた」というのである。この史料を信じるならば、**江戸を本拠地と定めたのは、家康自身の意思**ということになる。

そもそも徳川家康は、かつて「小牧《こまき》・長久手《ながくて》の戦い」で秀吉に戦いで勝利し、講和《こうわ》に至ったこともある。秀吉と互角以上の戦いをした唯一の大名といってよい。だから家康を臣従させるため、秀吉は妹を嫁にやり、大切な実母まで人質に出した。そんな家康に対し、その居城まで一方的に決めたというのには少々疑問が残る。東北への抑えとして、小田原や鎌倉よりも北に位置する場所を秀吉が希望したということは十分考えられるが、最終的に江戸を本拠としたのは、家康の判断、ないし秀吉と家康の話し合いにより決定されたと見るほうが妥当《だとう》なのではないだろうか。

江戸はどれほど田舎だったのか

それでは、なぜ家康（と秀吉）は、最終的に本拠地を江戸と定めたのであろうか。江戸は未開の地で、江戸城はすでにぼろぼろの状態にあったはずなのに、である。

家康入国以前の江戸がいかに田舎であったかの証拠としてしばしば取り上げられるのが、「プロローグ」でも紹介した、斎藤月岑《げっしん》の『武江年表《ぶこうねんぴょう》』の記録である。

「御城の辺《ほとり》、葦沼汐入《あしぬましおいり》の地にして田畑も多からず、農家寺院さへ《え》所々に散在せし」

城の周りは葦が茂る湿地帯で、田畑も農家も、寺院すらろくにない状態だったというのだ。しかし、この文章の後には、

「慶長《けいちょう》に至《いた》り始（初）めて山を裂《さ》き地をならし、川を埋《う》め溝《みぞ》を掘り、土民の所居を定め給《たま》

ひ《ぃ》しより、万世不易《ばんせいふえき》の大都会とはなれり」

などとあり、徳川幕府を褒《ほ》めたたえた文章だとわかる。それゆえ、家康入府以前の江戸を必要以上に悪く書いているとも考えられるのだ。

一方で、『天正十八年御入国ヨリ御府内幷《ならびに》村方旧記』という古文書には、江戸入りの際、「御家人御供《ごけにんおとも》、近在《きんざい》百姓家を借宅《しゃくたく》」などとある。多数の**徳川家臣たちが泊まれる規模の農家が存在していた**ことの証明でもあろう。

江戸城についても、大道寺重祐《だいどうじしげひろ》の『落穂集《おちぼしゅう》追加』に、

「永々籠城《ながながろうじょう》の中に捨置候《すておきそうろう》ゆへ《え》、悪く破損におよひ《び》（中略）畳敷物《たたみしきもの》もくさり果申候《はてもうしそうろう》」

また、『石川正西聞見集』には、

「城もかたち計《ばかり》にて城のやう《よ》にも無之《これなく》あさましき」

などとあり、いかにもぼろぼろの状態であったかのように記録されている。

しかしながら、江戸城はかつて太田道灌の居城として築かれ、文化人たちがこぞって褒めたたえた名城であり、その後、秀吉によって落とされるまで北条家の支城として機能していた現役の城である。いや、それどころか、この城は**北条家四代当主・氏政の隠居所にもされているのである。そんな江戸城が、にわかにぼろぼろになるとは考えづらい。**事実、

『石川正西聞見集』の別の個所には、

「江戸御城は御本丸之外《のほか》二ツ御丸御座候《ござそうらい》つる」

など、本丸、二の丸がきちんと存在していたと思われる記録もあり、また、前述した『朝野旧聞裒藁《ちょうやきゅうぶんほうこう》』には、江戸城を眼前にした秀吉が家康に対し、

「此《この》城四方、無陣《じんなく》、天下無双也《てんかむそうなり》」

と語ったとも書かれている。もちろん、信長の安土城《あづちじょう》や秀吉の大坂城には劣るだろうが、相当の体裁《ていさい》をなしていたと思われる。

それに、浦和と違い、江戸の町は海にも近く、水運にも恵まれ、のちに五街道が整備されることでもわかる通り、北や西へ向かっての陸路の整備にも適した町であった。立派な城とかなり多くの人家、抜群の水運、陸運を見込んで家康はこの地を拠点としたと考えられるのである。

※本項の執筆に際しては、村上直氏の論文『徳川氏の関東入国に関する一考察』を大いに参考とさせていただき、引用文は当論文から引用したものにルビを付加しています。

③ 家康が江戸城の大改築を行なわなかった理由とは

家康は江戸が嫌いだった？

それでは、江戸入府後、家康がすぐに江戸の町および江戸城の大改造に踏み切ったのかというと、そうではない。有名なエピソードがある。江戸入府直後、重臣・本多正信《ほんだまさのぶ》が、秀吉の大坂城などと比べてあまりにみすぼらしい江戸城を見て、「他国からの使者などが来てもよいように、せめて玄関廻りだけでも普請《ふしん》してはいかがでしょう」というと、家康は、笑いながら「いらざる立派だて（無用に立派にすることはない）」と述べたという。

確かに家康は、これから述べるように、家臣や領民が無事に暮らしていける基盤づくりは懸命に行なっているのだが、江戸城の大改築には手をつけていない。それどころか、家康は江戸の町にそれほど大きな関心を寄せていなかったのではないか、という人もいる。

なぜなら、北条氏の後をうけて関東地方を領し、のちに江戸幕府初代将軍となる**徳川家康は、実は意外なほど江戸で時を過ごしていない**からだ。1590年、関東に移封した家康だが、それからしばらくは秀吉傘下《さんか》の五大老筆頭《ごたいろうひっとう》として上方《かみがた》にいることが多く、朝鮮出兵

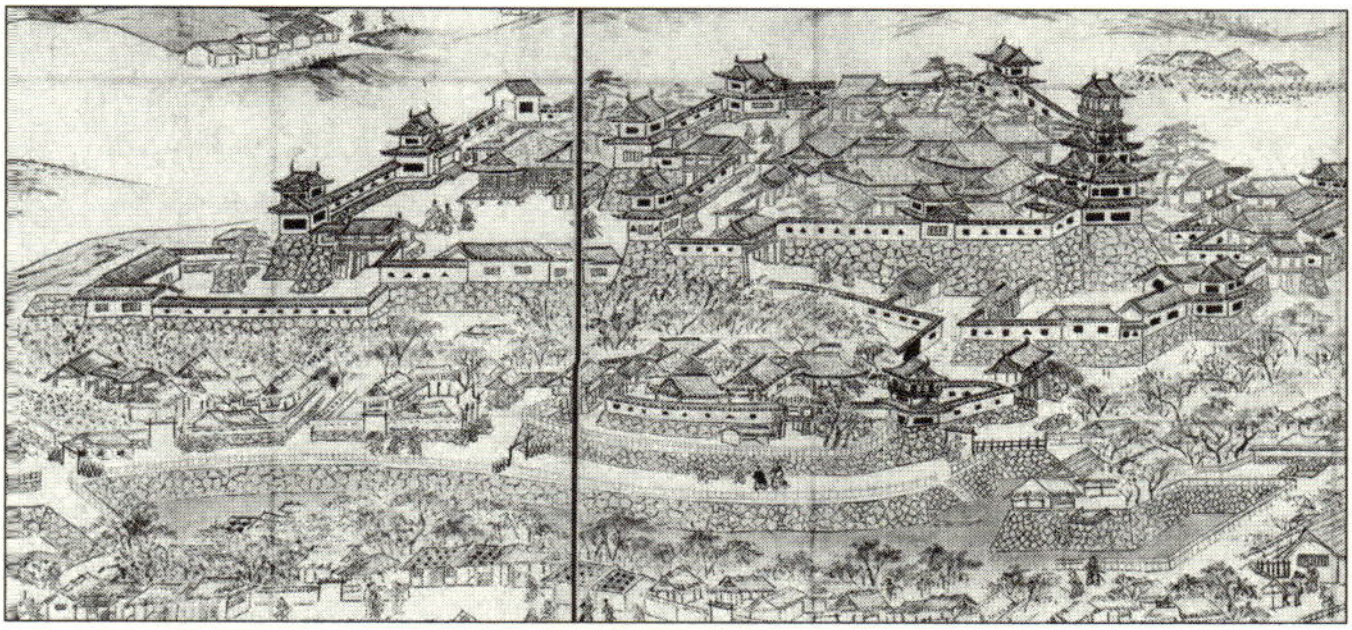
▲朝鮮出兵の際に拠点となった名護屋城を描いた屏風絵〈部分〉

の際には本拠となる名護屋《なごや》城（佐賀県唐津《からつ》市）に在陣している。しかも、江戸幕府を開いたのちもわずか2年で息子の秀忠に将軍職を譲り、京や駿府で時を過ごしている。江戸入府から死去するまでの26年間で、**江戸に滞在したのは、わずかに5年余り**。5分の1に満たない期間だけだったのである。徳川家康は、江戸の町が嫌いだったのだろうか。

家康も苦しめられた天下普請

確かに、高齢にさし掛かった家康が、長年住み慣れた中部・京阪地区とは風土の異なる関東になじめなかったという側面もあったかもしれない。しかし、家康が江戸城の大改修等に踏み切れなかった最大の理由は、当時の家康が、たとえ240万石の大領主とはいえ、**天下人・豊臣秀吉に臣従している一大名にすぎなかった**という点

▲豊臣秀吉の威光は絶大だった。月岡芳年の描いた秀吉（国立国会図書館蔵）

にある。

　一大名であるから、たとえ家康といえど、再び移封となる可能性もあったわけだ。実際、家康が関東移封になったのと同時期に、家康の旧領への移封を命じられた織田信雄《のぶかつ》は、その処置に異を唱えたため秀吉の怒りを買い、領地を没収され下野烏山《しもつけからすやま》に配流《はいる》されている。織田信雄といえば、かの織田信長の次男である。そのような人物でさえ、秀吉の意向に背《そむ》けば、あっさりと所領を召し上げられてしまうのだ。だから家康であっても、関東が徳川の恒久的な拠点になるかわからない状況だったわけである。

　また、豊臣秀吉のような天下人であれば、他の大名を動員して、大工事を行なうこともできるのだが（これを「天下普請《てんかぶしん》」という）、一大名の家康は、何事も自前で手配する必

▲『洛中洛外図』に描かれている江戸時代の京都・伏見城

要があった。財務面、人員面でもおのずから限界がある。それどころか、前述したように天下人・秀吉からの天下普請の要請は、徳川家といってても断ることのできない至上命令であった。事実、家康は、江戸城改修工事の途中で京都・伏見城《ふしみじょう》の普請を命じられ、しぶしぶ江戸城改修工事を中断させている。

このようなわけで、家康は、江戸城の大改修など、「いらざる立派だて」となる大工事は行なってこなかったのだが、徳川の命脈《めいみゃく》をつなげるために、必要な改修は大胆に行なっていった。それについて、次項以降詳しくみていくことにしよう。

④ 飲み水がない？ 行け、忠行！

家康が最初にやらなければならなかったこととは

江戸入府に際し、家康が最初に取り組まなければならなかったこと、それは飲料水の確保であった。徳川家が本拠地を江戸に移すに際し、大家臣団とそれを支える多くの町人たちが江戸の町へ移住してくることになり、人口が急増する。衣服は着《き》の身着《みき》のままでも、宿は野宿なり百姓家を借りてでもなんとかなる。しかしながら、飲食、特に**飲み水に関しては、欠乏《けつぼう》は即、死活問題《しかつもんだい》につながってくる**。ところが、この江戸の町は、良質の飲料水が不足がちな場所だったのである。

「プロローグ」でも述べたように、当時、海岸線は江戸の中心部まで突き出しており、江戸といえば、海辺の町といってもよい状態だった。そのような町では、普通に井戸を掘っても出るのは塩辛《しおから》い水ばかりで飲料水には適さなかったのである。良質の水を確保するためには、かなり深く井戸を掘らなければならなかったのだが、当時、そこまでの技術はなかったのだ。

そこで家康は、川を堰《せ》き止めて飲料水のダムをつくった。それが「千鳥ヶ淵《ちどりがふち》」と「牛ヶ淵《うしがふち》」である。当時の二つの淵の様子と推測されるものは65ページの図を参照いただきたいのだが、この二つのダムは、現在も皇居のお濠《ほり》にその名を残している。

▲現在も皇居周辺にその名を残す「千鳥ヶ淵」と「牛ヶ淵」

神田上水の整備

しかし、それだけで激増する人口をまかなえるような飲料水の確保はできない。そこで家康は、本格的な上水道の整備を行なうこととした。担当者として抜擢《ばってき》されたのが、大久保忠行《ただゆき》である。家康より直々《じきじき》に命令を受けた大久保忠行は、懸命な努力の末、**江戸入府早々に小石川《こいしかわ》上水《じょうすい》という上水路を開いた**とい

▲江戸名所にもなっていた神田川の懸樋（国立国会図書館蔵）

う。この功績により、大久保忠行は「主水」という名を与えられる。この「主水」という名は、テレビ時代劇『必殺仕事人』でもおなじみの通り、通常、「もんど」と発音する。しかし、大久保忠行に関しては、これを「もんと」と読んだ。水が濁《にご》ってはいけないと、濁音《だくおん》を避けたのだ。

この小石川上水は、一説には高田川から水を引き、江戸城の北東部に供給されたものと推測されているが、実際には、水源や経路、規模などは具体的に判明していない。しかしこの水路が、初期の江戸の町を潤《うるお》してきたのは、事実であろうと思われる。

小石川上水は、その後も飲料水需要の高まりを受けて、大々的に拡張、発展していく。こうしてできたのが神田上水《かんだじょうすい》である。神田上水の水源は、井《い》の頭《かしら》池で、その後、善福寺《ぜんぷくじ》池から流れる善福寺川とも合流する。この水は、関口村《せきぐち》（文京区関口）にある大洗堰《おおあらいぜき》でせき上げられ、神田川を懸樋《かけひ》で渡したのち、**地下水路等を通って、各地の井戸に給水される仕組みになっていた。**（江戸下町の井戸の多くは地下水ではなく水道水なのだ！）

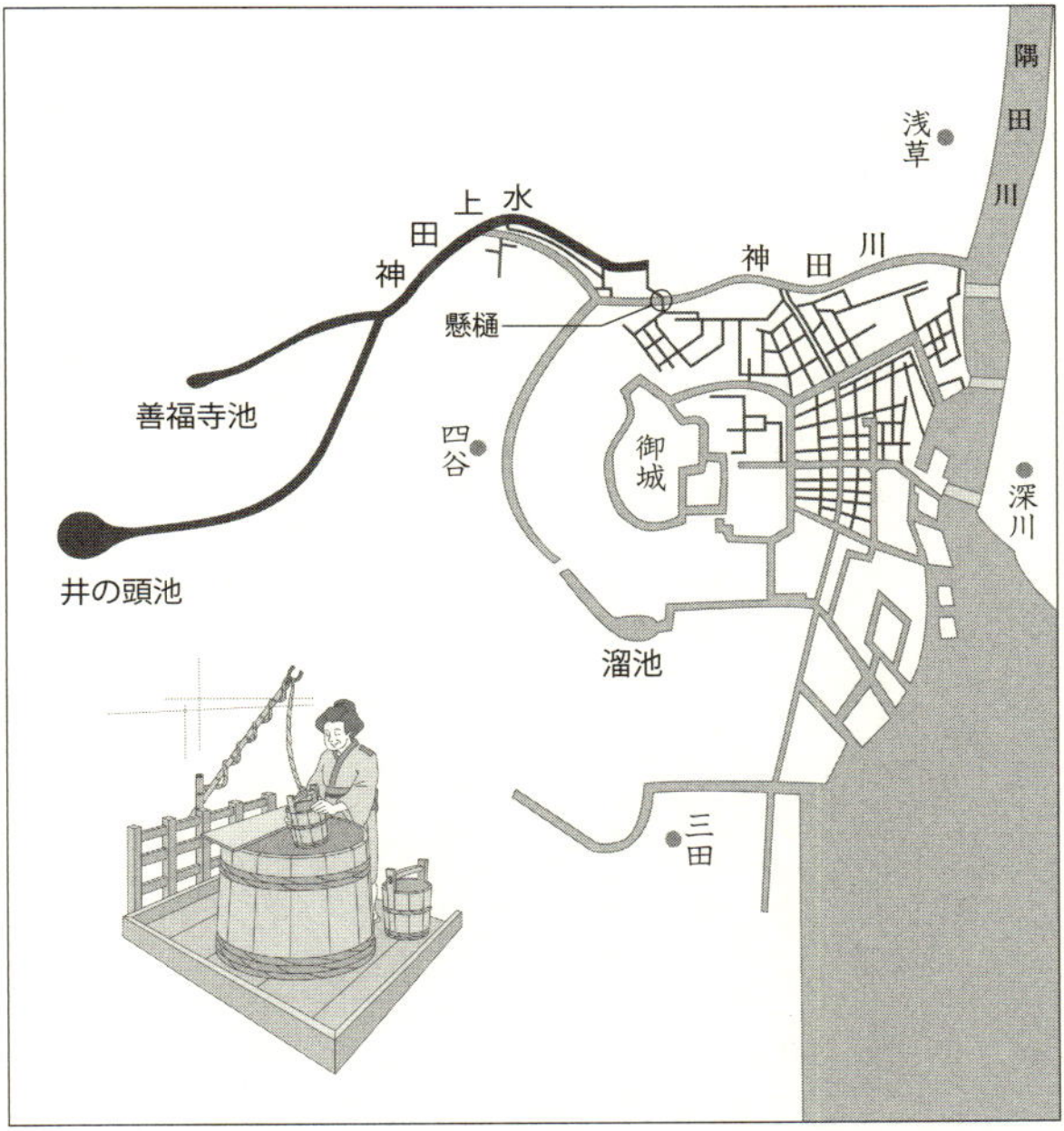

▲大いに江戸の町を潤した神田上水（『面白いほどよくわかる江戸時代』〈山本博文監修・日本文芸社〉などの図を元に作図しました）

上図を見ていただければ、一目瞭然《いちもくりょうぜん》なのだが、神田上水は江戸城の北東部に網《あみ》の目《め》のように張りめぐらされている。これには相当な労力と技術力が必要で、完成したのは江戸入府から約40年の月日が流れた三代将軍・家光の時代だったという。

5 なぜ、家康は運河を開削したのか

飲料水の次に大切なものとは

徳川家康が、江戸入府に際し、飲料水と同程度にその確保を重要視していたものがある。それもまた、人が生きていくうえで最低限必要なものなのだが、はたして何であろうか。

正解は、塩である。

近年は熱中症《ねっちゅうしょう》対策として、水だけでなく塩分の補給が不可欠と、さんざん喧伝《けんでん》されているため、**生きていくためにいかに塩が必要か**ということが、一般の方にも浸透してきたように思う。また、戦国時代、塩不足に悩んでいた武田信玄《しんげん》に対し、ライバルの上杉謙信が塩を供給したという「敵に塩を送る」のエピソードもある。この話自体の真実味に関しては諸説語られているが、いずれにせよ、「塩がない」と死活問題になる、ということを端的に示したエピソードだといってよい。

江戸周辺で最大の塩の産地は、下総《しもうさ》国行徳《ぎょうとく》（千葉県市川市行徳地区）であった。この地に塩田《えんでん》が広がっていることを知った家康は、「塩は軍用第一の品、領内一番の宝」とその

▲『江戸名所図会』に描かれた「行徳　塩釜の図」（国立国会図書館蔵）

喜びを語り、この地を保護したという。行徳は塩の生産地として一般にも知られることとなり、『江戸名所図会《えどめいしょずえ》』にも釜で煮詰《につ》めて製塩している様子が描かれている。

切り開かれた塩の供給路

しかしながら、行徳の製塩を支援しただけでは十分とはいえない。下総国行徳から、江戸までの水運を確保しなければならない。そこで家康は、入府早々から運河の開削を手がけた。生産地・行徳から新川・小名木《おなぎ》川という海沿いの水路を開き、さらに江戸城の手前に道三堀《どうさんぼり》という運河を開削したのである。しかし、次ページの図を見ると、陸地を貫く道三堀はまだしも、こんな海岸沿いギリギリに

▲行徳から江戸までつなげられた塩の水路（『スーパービジュアル版江戸・東京の地理と地名』〈鈴木理生著・日本実業出版社〉の図を参照し、等高線を省略するとともに水路を強調しました）

水路を築く必要があるのかという疑問がわいては来ないだろうか。

手《て》間《ま》暇《ひま》かけて水路をつくらなくても、海を渡ればよいのではないかと思える。

しかしながら、陸地に近い海岸沿い、しかもいくつもの河口がある場所は、水流や風向が複雑で、安定した航行が難しいのだ。そのため家康は、まずは波打ち際の水路を整え、次にその外側に埋め立てをするなどして、安定して航行できる二つの水路を築いたのである。

こうしてできた新川・小名木川は別名「行徳川《ぎょうとくがわ》」とも呼ばれ、**江戸の地に塩を運び込む「ソルト・ロード」となった**。のちに定期船も運行され、塩ばかりでなく、野菜や魚なども運搬されるようになった。行徳は、製塩だけでなく、水運の町としても知られるようになるのである。

苦心の末に生み出された道三堀

新川・小名木川に加え、江戸城手前にある半島状の江戸前島のつけ根あたりを開削して道三堀という運河をつくり、ソルト・ロードは完成した。しかしながら、この道三堀の開削は、海岸線を利用した新川・小名木川の場合と異なり、かなりの労力を必要としたようだ。『石川正西聞見集』にも「夜のうちから工事に出て、朝飯は昼頃出され、ようやく宿に帰り夕飯を食べる」といった徳川家臣たちの苦労がつづられている。

昼夜を問わぬ難工事によって、現在の大手町《おおてまち》辺りに道三堀が完成する。掘られた土は埋め立てに利用され、道三堀の周囲に、最初の町である「材木町《ざいもくちょう》」「船町《ふなちょう》」「四日市町《よっかいちちょう》」

▲幕末期に歌川広重が描いた浮世絵。中央下部に見える銭瓶橋から奥に道三堀が続いている

「柳町《やなぎちょう》」が成立していった。

　ちなみに、道三堀の「道三」とは、著名な医師・曲直瀬道三《まなせどうさん》の屋敷にちなんだ名だといわれている。ただし、その「曲直瀬道三」は、「日本医学中興《ちゅうこう》の祖《そ》」といわれる初代道三ではなく、跡を継いだ甥《おい》の曲直瀬玄朔《げんさく》（二代目曲直瀬道三）のことだと思われる。

　また、水路に関しては、この道三堀の開削《かいさく》に合わせて、日比谷入江に流れ込んでいた平川《ひらかわ》の流れを左図のように変える工事も行なわれたらしい。それを裏づける具体的な史料はない

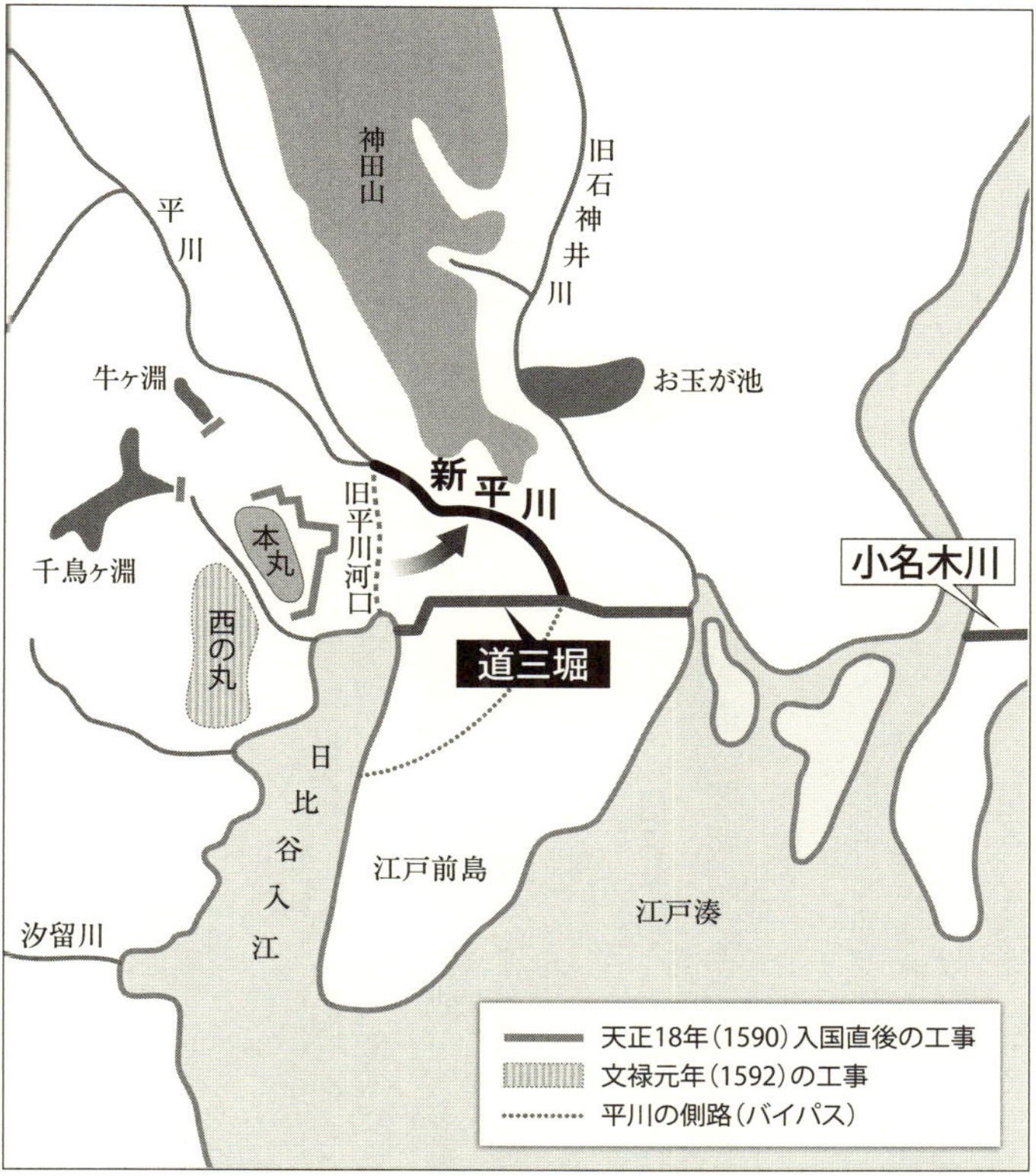

▲1590〜92年頃の江戸（『スーパービジュアル版江戸・東京の地理と地名』〈鈴木理生著・日本実業出版社〉の図を参照し、平川の水路の表現を一部変更しました）

のだが、鈴木理生氏が地質図等からこの新しい平川の水路が人工のものであると推測している。

それでは、この**平川の流れを変えたのは、いったい何のためだったのだろうか。**それに関しては次の第２章で詳しく語ることにしよう。

⑥ 江戸城下の整備と天下普請への準備

江戸城の整備

もちろん、家康は、衣食住の「食」だけに着目していたわけではない。徳川家や家臣、それを支える町人たちの住む町、すなわち「住」に関しても着実に整備を進めていた。中心となる江戸城は、太田道灌以来の三つの郭《くるわ》を再構成。空堀《からぼり》を埋めて一つの大きな郭とし、本丸を築いた。また、その西側には、局沢《つぼねざわ》十六寺と呼ばれる庶民に親しまれた寺があったが、これを移転させて、「御隠居《ごいんきょ》御城（のちの西の丸）」を建設した。

これらの工事は、家康の側近である本多正信《ほんだまさのぶ》らが中心となって行なった。彼らの仕事ぶりに関して、『石川正西聞見集』には、道三堀開削の際の話としてこんな記述が残されている。

「本多佐渡殿《ほんださどどの》毎日明《あけ》七ツころ御普請場へ御出候《おいでそうらい》ひつるまま、諸大名衆残らず、挑灯《ちょうちん》御たて、丁場々々《ちょうばちょうば》へ御出《おいで》になられ候《そうろう》。風雨雪中にても御懈怠《ごけたい》これなく候《そうろう》（本多佐渡守正信は毎日午前4時頃には工事現場においでなさるので、諸大名も皆、提灯《ちょうちん》を持って、持ち場持ち場へおいでになられた。風雨や雪の中でも怠《おこた》ることなく工事が進められた）」
重臣自ら夜が明ける前から現場に出て、**雨の日、風の日、雪の日であっても休むことなく、工事が進められた**というのだ。当時の彼らの精勤ぶりと厳しい労働環境がしのばれるエピソードである。

しかしながら、**この工事は、4年足らずで中断する**ことになる。それは、前述したように、豊臣秀吉から徳川家に対し、京都・伏見城《ふしみじょう》建設の命が下ったからである。家康とその家臣は、自らの城づくりが、まだ始まったばかりだというのに、そちらを一旦中断して、豊臣秀吉の意向による城づくりに励まなければいけなくなってしまったのである。

▲江戸の町づくりに功績のあった本多正信

江戸城下町の整備

一方で、町人が住む町地や武士の住む武家地も

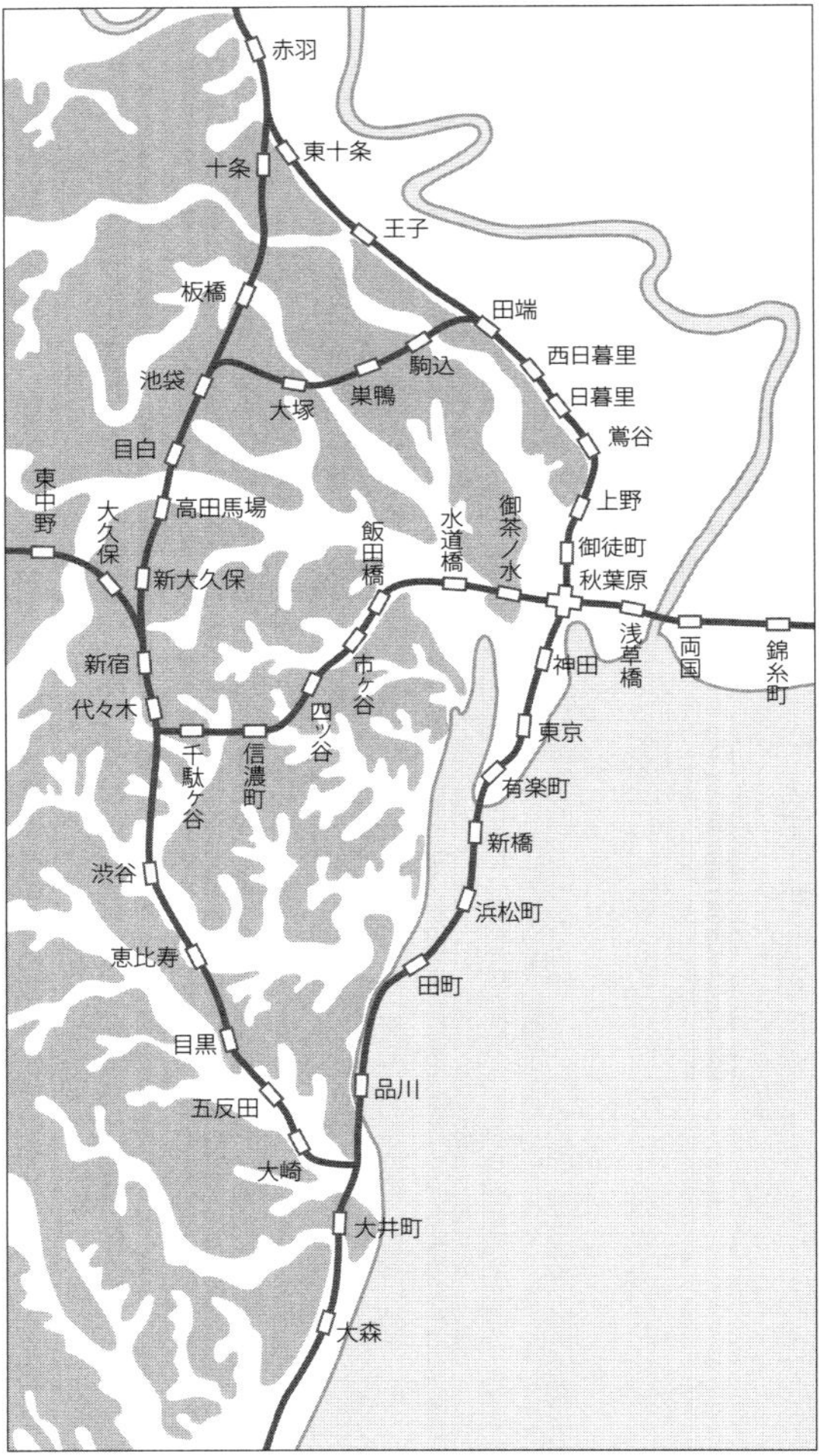

▲武蔵野台地（山の手）と下町（『スーパービジュアル版江戸・東京の地理と地名』〈鈴木理生著・日本実業出版社〉の図を参照し、台地の形状と鉄道路線図だけ抜き出しました）

徐々に整備されていった。前項で、道三堀をつくる際に出た土で周囲を埋め立てし、町をつくった、ということを述べた。陸地である道三堀周辺を「埋め立て」とは少々奇異《きい》な表現だったかもしれないが、道三堀のある江戸前島は、陸地とはいっても海抜《かいばつ》ギリギリのところにある砂洲《さす》だったため、そのまま住宅地にはできなかったのである。そこで**運河を掘っては、出た土で埋め立てをし、その上に職人、商人らが住む町地をつくった**のである。

町人が住む地域は海抜の低い埋め立て地があてがわれた。対して、武家地は台地上に設けられた。

江戸の地は西側に武蔵野台地が広がっている。現在、京浜東北線と山手線が並行して走っているラインより西側の土地が、概《おおむ》ね武蔵野台地の一部となっており、このあたりは「高台《たかだい》（山のほう）」を意味する「山《やま》の手《て》」と呼ばれている。東京都内を周回するＪＲの環状線《かんじょうせん》を「山手線《やまのてせん》」というのは、ここから来ている。一方で、町人が住む低地は、「下町《したまち》」と呼ばれることになるのである。

こうして江戸城の周囲に、下町の埋め立て地に町人が住む町地が、山の手の台地に武士が住む武家地が形づくられていくのである。

征夷大将軍による江戸城大増築計画発表

１５９８年に豊臣秀吉が亡くなり、その２年後の関ヶ原の戦いで勝利を収めた徳川家康が、１６０３年に征夷大将軍となって幕府を開くと、状況は一変する。

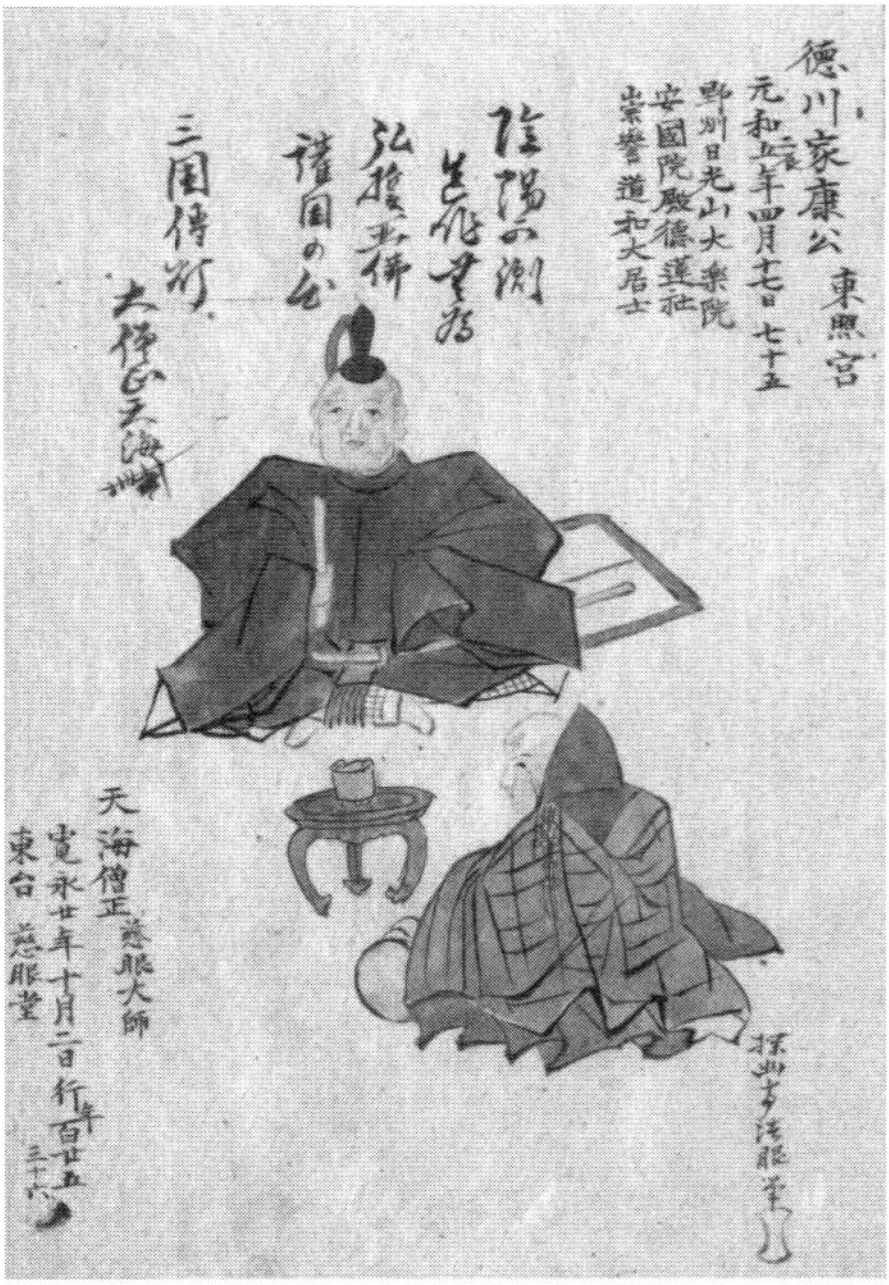

▲将軍となった徳川家康と側近の南光坊天海（国立国会図書館蔵）

これまでは一大名として、秀吉の顔色をうかがいながら、細々と行なってきた江戸の改造であったが、その後は天下人の住む都として、諸大名から資金と労働力を提供させ、大々的に進めるようになった。

このような、いわば国家事業ともいうべき大土木工事を前述したように「天下普請」という。

実際の江戸幕府による天下普請は、家康が将軍職を秀忠に譲ってから実施されるので、詳細は次章に譲るが、その前段階として、**家康は、西国31カ国の大名に江戸城の石垣《いしがき》用の石材運搬船の調達と輸送を命じた。**

また、2大名に木材の輸送を申しつけている。

結果、薩摩《さつま》（鹿児島）の島津家久《しまづいえひさ》が３００艘《そう》、紀伊《きい》（和歌山）の浅野幸長《あさのよしなが》が３８５艘など合計３０００艘の運搬船が建造された。ただ、つくった船を採石場のある伊豆、そして江戸へと輸送するのも大変な手間であり、佐賀の鍋島勝茂《なべしまかつしげ》の船１２０艘、伊予《いよ》（愛媛）の加藤嘉明《よしあき》の船46艘、福岡の黒田長政の船30艘が相模湾《さがみわん》で沈没《ちんぼつ》したという記録も残されている。

▲多くの大名の労苦によって築かれた江戸城（写真は現在の皇居の石垣）

いずれにせよ多くの大名の多大なる労苦によって、新しい天下人の町、江戸が形づくられていくのである。

⑦ 日本橋架橋と道路網の整備

天下人が架けた橋

徳川家康が征夷大将軍となった1603年、江戸城の東を流れる平川《ひらかわ》に豪華な木製の橋が架《か》かった。日本橋《にほんばし》である。この橋は、やがて五街道《ごかいどう》の起点となり、たくさんの人々が行き交《か》うようになる。日本橋および周辺の地は、江戸時代を通じて、物資や情報の集まる中心地となるのである。いや、現在でもある意味では、首都・東京の中心であるといえよう。高速道路などでよく目にする「東京まで○km」といった標識《ひょうしき》は、この日本橋が基準となっているからである。

五街道がすべて整うのは、江戸中期までかかるのだが、ここで家康の時代から進められていく水陸の交通網について簡単にまとめておこう。

日本橋架橋《かきょう》をさかのぼること2年前、家康は東海道の各宿場《しゅくば》に「伝馬定書《でんまさだめがき》」を公布し、**江戸と上方の間を結ぶ伝馬制《でんませい》の確立に努めた**。「伝馬制」とは、各宿場に馬を常備しておき、宿ごとに乗り継いで公用の旅人と物資を迅速に運ぶためのシステムである。京都から

▲歌川広重の描いた日本橋。右奥に江戸城、左奥に富士が見える。日本橋と江戸城と富士を一つの構図に収めるのが、浮世絵の定番である（国立国会図書館蔵）

江戸までは、東海道に53の宿場があり、宿ごとに53回、駅伝方式で乗り継いで、人や物を運ぶことになる。ゆえに東海道の宿場を総称して「東海道五十三次」というわけである。

また、徳川秀忠が二代将軍となった1605年には、街道の幅を5間《けん》（約9・1m）とし、その両側に各9尺《しゃく》（約2・7m）の幅をとって松並木《まつなみき》を植えることを規定。さらに、一里《り》（約4km）ごとに一里塚《いちりづか》を築くようにお触《ふ》れを出した。道中の目印とするためである。江戸の旅人の間では「『一里塚』まで着いたら休憩しよう」などという会話がなされていたのだろう。「くたびれたやつが見つける一里塚」などという川柳も詠《よ》まれている。

さらに、1612年には、幕府は街道の整備

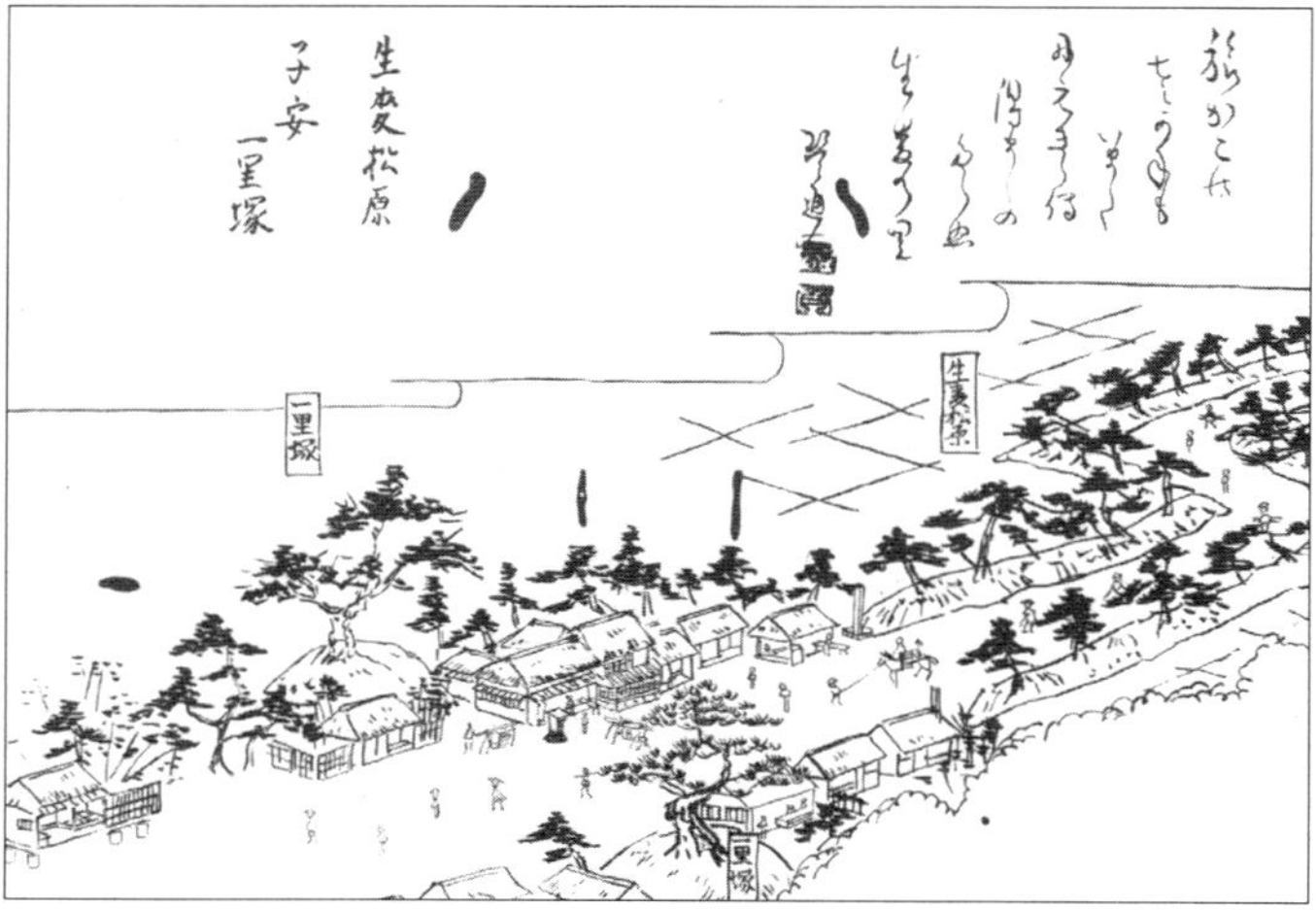

▲江戸時代の書物に描かれた一里塚と松並木（国立国会図書館蔵）

に関し、「水たまりやぬかるみは砂石で敷き固めよ」「水が道路わきに流れるようにせよ」「堤《つつみ》などの芝をはぐな」「道に土を置くな」「橋の修復は代官《だいかん》が申し渡せ」といったかなり細かいお触れを出している。江戸幕府が道路の整備、すなわち、円滑な物資の流通にひときわ神経をとがらせていた様子がうかがえる。

　こうして東海道は１６２４年、日光街道は１６３６年と順次、五街道の整備は進み、最後となる甲州《こうしゅう》街道が完成したのは１７７２年といわれている。各街道には宿場駅が設けられ、参勤交代《さんきんこうたい》などで利用されたほか、庶民の間にも旅が一般化すると、より多くの人でにぎわい、周辺は宿場町に発展した。江戸から一番近い宿場駅は、東海道が品川《しながわ》宿、日光・奥州《おうしゅう》街道が千住《せんじゅ》宿、中山《なかせん》道《どう》が板橋《いたばし》宿、甲州街道は高井戸《たかいど》宿であった。しかし、他の宿駅が江戸から約8〜10kmのところにあったのに対し、高井戸だけは約16kmもあったため、のちにより近い場所に新しい宿ができた。この宿場は高遠《たかとお》藩・内藤《ないとう》家の屋敷地の一部にできた新しい宿という意味で「内藤新宿」と呼ばれるようになった。今の「新宿」である。

▲海沿いに水茶屋が連なる品川宿（国立国会図書館蔵）

この品川、千住、板橋、新宿は「四宿《ししゅく》」と呼ばれていた。江戸時代の宿場には給仕に加え、売春《ばいしゅん》も行なう「飯盛女《めしもりおんな》」を置くことが多く、この四宿もまた例外ではなかった。いや、それどころか、江

▲海岸を視察する河村瑞賢〈明治時代の書籍より〉（国立国会図書館蔵）

戸から近いという特性から、黙認《もくにん》された売春宿（岡場所《おかばしょ》）として大いに栄えるようになったのである。

江戸の町を支えた水上輸送

江戸幕府にとって陸上輸送と同様か、それ以上に重きをなしたのが水上輸送である。年貢米《ねんぐまい》ほか、各地から運ばれる大量の物資の輸送には、水上輸送のほうが適していたからである。

1624年には大坂―江戸間（南海路）の定期運送（菱垣廻船《ひがきかいせん》）が開始され、やや遅れて主に酒樽《さかだる》を輸送する樽廻船《たるかいせん》も加わり、上方と江戸を結ぶ物資輸送は大いに繁栄していった。また、1670年には、材木商であった河村瑞賢《かわむらずいけん》によって、東北地方と江戸を結ぶ**東廻《ひがしまわ》り航路**、東北と大坂・江戸とを結ぶ**西廻《にしまわ》**

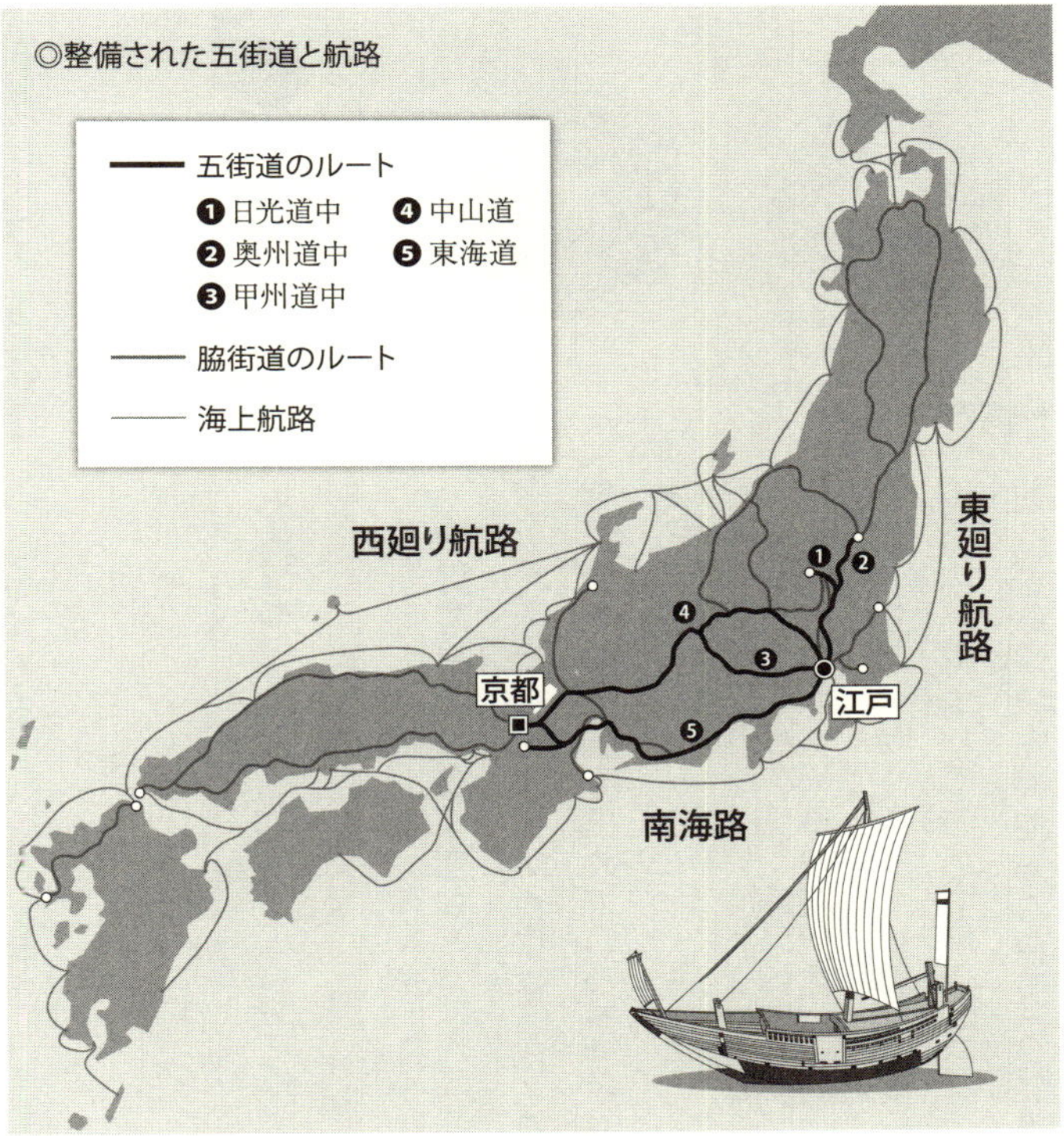

◎整備された五街道と航路

り航路が整備され、安全な航路で日本国中が結ばれるようになっていく。

　また、航路は海上だけではなく、那珂湊《なかみなと》（茨城県ひたちなか市）や銚子《ちょうし》湊（千葉県銚子市）から川舟で、霞ケ浦《かすみがうら》や大小の河川を渡って江戸まで物資を運ぶ「内川廻《うちかわまわ》し」という航路も頻繁《ひんぱん》に使われた。気候や波の影響が少なく、安全で航行の予定も立てやすいこの内陸航路の発展も、江戸の町の活性化に大きく寄与していったのである。

8 天下人は金をも操る

貨幣制度の成り立ち

天下人となった徳川家康は、大名を統制する施策はもちろん、経済面での統制も進めていった。貨幣制度の確立もその一つである。

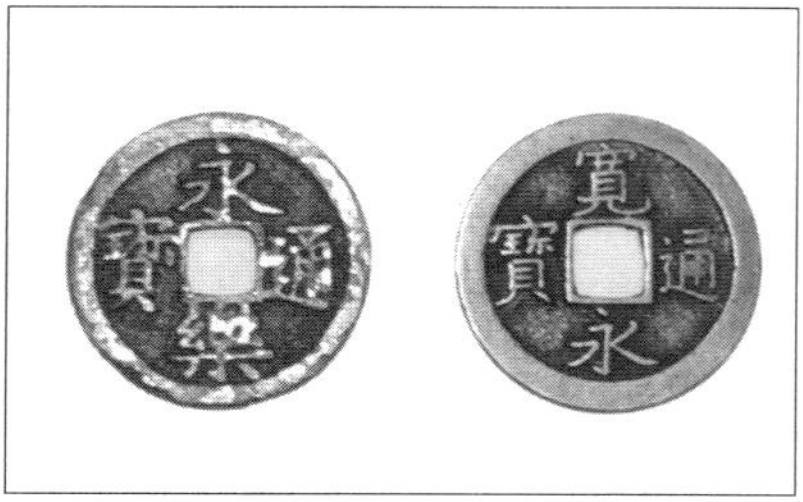

▲永楽通宝と寛永通宝

日本で貨幣の使用が始まったのは意外に早く、すでに奈良時代より前の天武《てんむ》天皇の時代には、国産貨幣が発行、使用されていた。中世には中国からの輸入銭が流通したが、戦国時代には、武田氏が鋳造《ちゅうぞう》していた甲州金《こうしゅうきん》などに代表されるように、戦国大名による領域内で使える金銀貨の発行なども行なわれていた。

ただし、これらは主に家臣への恩賞《おんしょう》や贈答用として使用されたもので広く流通されたものではない。流通していたのは、永楽通宝《えいらくつうほう》などの渡来銭《とらいせん》や粗悪な私鋳銭《しちゅうせん》などであった。その品質はバラバラで、実際の商取引では悪貨での支払いを拒む撰銭《えりぜに》行為なども行なわれたため、しばし混乱が起こっていた。織田信長をはじめとする戦国大名は撰銭令を出し、貨幣間の交換比率を定めるなど、制度の統制を図ったが、なかなか思うように整備は進まなかった。その状況に終止符を打ったのが、戦国の世の最終勝者・徳川家康である。

関ケ原の戦いに勝利し、実質的に天下人の地位をものにした家康は、翌年、統一基準が定められた金銀貨幣・慶長金銀《けいちょうきんぎん》を発行した。また家康は、これまで大型で贈答用だった金貨を小型化し、流通に適する形とした。これを「小判《こばん》」という。同様に銀貨も小型で携帯に便利なものとなり、これらを金座《きんざ》、銀座《ぎんざ》で鋳造した。やがて後述するような**全国で統一された貨幣制度が徳川家の主導で確立され**、暮らしの隅々《すみずみ》にまで、徳川家の支配がいきわたるようになるのである。

金座と銀座

幕府の統一貨幣は、金座、銀座、銭座《ぜにざ》で製造された。

▲日本橋本石町に設けられた金座で働く人々の様子（国立国会図書館蔵）

金座の設置は１５９５年。まだ豊臣秀吉が存命《ぞんめい》の時代に許可を受けて、京都の著名な金工である後藤徳乗《とくじょう》の弟子・後藤光次《みつつぐ》（通称、庄三郎《しょうざぶろう》）を呼び寄せ、日本橋本石町《ほんごくちょう》にて小判などの製造を行なわせた。以降も後藤光次の後嗣《こうし》は代々庄三郎を名乗り、２００年以上金座を統括していくのだが、十一代目庄三郎は不正を働いたとして流罪《るざい》となり、後藤庄三郎家は断絶《だんぜつ》の憂《う》き目《め》に遭《あ》うことになる。

ちなみに、この金座の築かれた地は、４００年以上経った今でも日本の金融・財政をつかさどっている。**日本銀行本店は金座の跡地に建っている**のだ。

銀貨を製造する銀座は、関ケ原の戦いの翌年、京都の伏見城下に設立された。その後、１６０６年に駿府に設けられたのだが、６年後の１６１２年、江戸に移された。場所はもちろん、現在の中央区銀座

▲銀座で働く職人たちが銀を隠し持っていないか、裸で取り調べを受けている様子（国立国会図書館蔵）

である。

　銭形平次《ぜにがたへいじ》が悪人に投げつける寛永通宝《かんえいつうほう》でおなじみの銅貨の鋳造は、三代将軍・家光の時代である1636年、江戸と近江《おうみ》の銭座で行なわれたのが始まりだ。銭座が、金座、銀座と異なるのは、常設ではなく、鋳造の必要が生じた時に、公募して民間業者に製造委託《いたく》させる方式であったこと。そのため、銭座は江戸に16カ所、その他、秋田、水戸、佐渡《さど》、松本、大坂、備前《びぜん》、豊後《ぶんご》など各地に設けられた。しかし、それも江戸中期までで、1765年以降、金座、銀座が鋳造する形式に変わっていった。

複雑だった三貨制度

　これまで述べてきたように江戸時代には、金貨、銀貨、銭貨《せんか》の3種の貨幣があり、それぞれ単位が異

◎複雑だった江戸の三貨制度

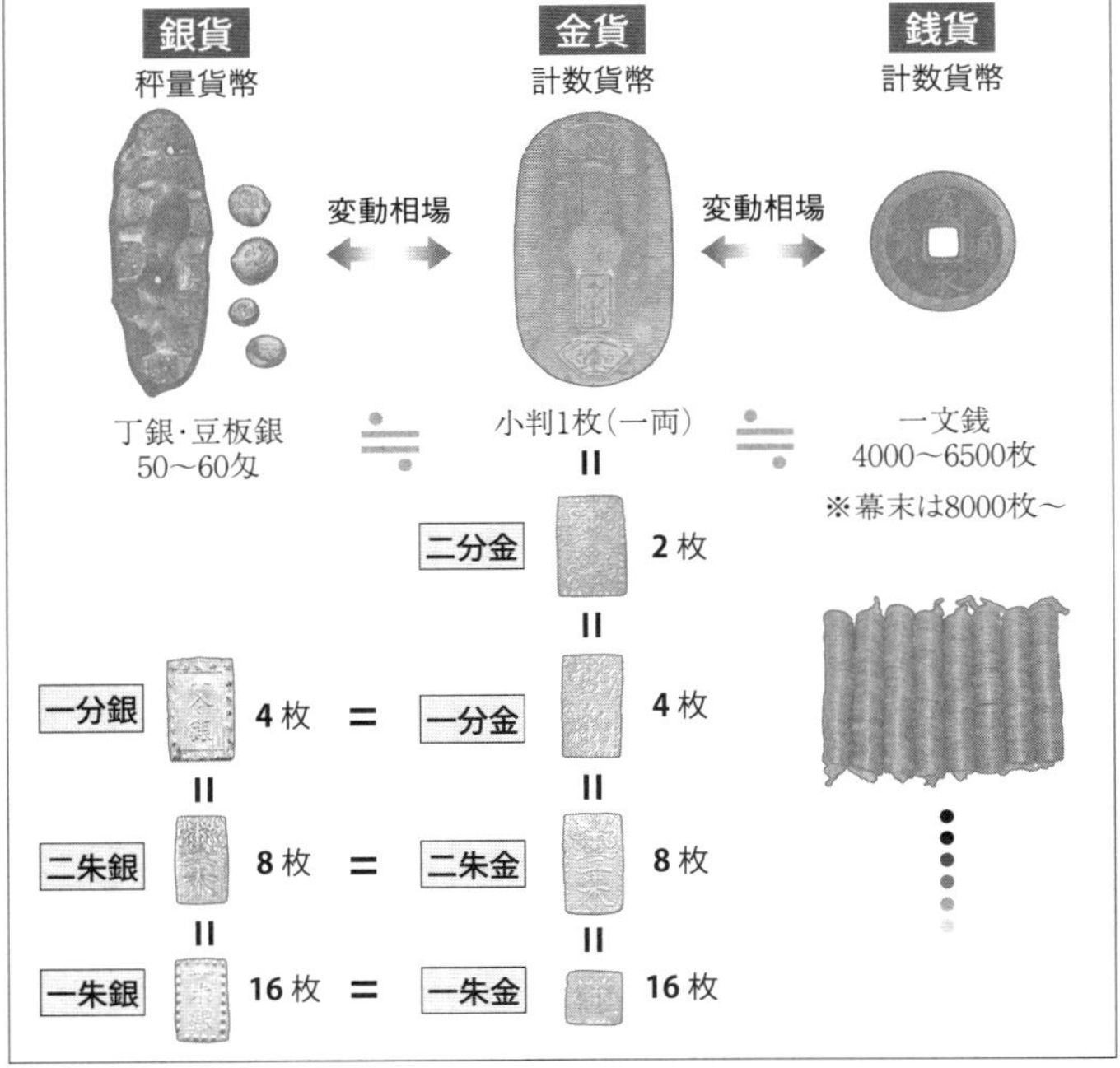

なっていて、今と違って非常に複雑である。その概要を簡単に説明しておこう。

まず、金貨は小判1枚が「一両《りょう》」。一両の4分の1が「一分《ぶ》」、一分の4分の1が「一朱《しゅ》」である。つまり、金貨は4進法なのだ。それぞれの単位に合わせ、「二分金」「二朱金」といった金貨があり、一両の半分の「二分金」という金貨もある。

銀貨は枚数ではなく、

使うたびに重さを測り、その重さで価値が決まっていた。江戸時代の商人が天秤《てんびん》を頻繁に使用していたのはこれが理由である。このため、銀貨は重さの単位である「貫《かん》・匁《もんめ》・分《ぶ》・厘《りん》・毛《もう》」で表される。「一貫」は「1000匁」で、以下は10進法である。ただし、江戸時代中期には、金貨と合わせ「一分銀」「二朱銀」なども登場し、金貨と同様に使用できるようにもなった。

銭貨の単位は「文《もん》」で10進法である。貨幣としては1枚一文の一文銭を基本とし、四文銭、百文銭などもあった。96枚の一文銭を束《たば》にしたものは、手間賃《てまちん》として4文お得になり、百文として使用できるという粋《いき》な（?）ルールもあった。

複雑なのは、金貨、銀貨、銭貨の価値が変動相場制で成り立っていることである。おおよそ金一両＝銀50〜60匁＝銭4000〜6500文くらいが目安となっているが、時期によっても大きく差があった。

小判1枚（一両）が現在のいくらに当たるのか、ということがしばしば話題になるのだが、これは計算方法によって数万から数十万と大きく差が出てしまう。また、時期によっても違いがあるのだが、江戸初期の米価を基準として計算すると、およそ10万円くらい。キリもよいので、一つの目安として考えてもよいかもしれない。

江戸をつくったキーパーソン……❶ 大久保忠行（主水）

❀江戸上水道を切り開いた男

小石川上水を開いた大久保忠行は、三河時代から小姓《こしょう》として家康に仕えていた人物である。むろん、戦国の世においては、弓矢をとり、戦働《いくさばたら》きに従事していたのだが、1563年、一向一揆《いっこういっき》に相対した時に足を撃たれ、以降は**歩行が不自由になってしまった**という。戦場での働きで主君家康に尽くすことができなくなってしまった忠行は、悲しみに暮れ、引きこもりがちになってしまったのだが、やがて以前より得意だった菓子づくりに励み、家康に供するようになった。家康もたいそうこれを気に入り、「忠行のつくった餅《もち》でなければ食わない」とまで語ったとされている。

一つの転機は家康の入府直前に訪れた。忠行は江戸での用水の吟味役《ぎんみやく》を仰《おお》せつかったのである。おいしいお菓子づくりのために清水《せいすい》を確保しておく必要があったからこそ、忠行が抜擢されたのかもしれない。そののち、不自由な足で近郊をまわり、見事、清水を得た忠行は、やがて上水道の整備に携わることになる。

▲明治時代の本に描かれた大久保忠行と神田上水の懸樋

▲大久保忠行がその討伐戦に参加して負傷した三河一向一揆を描いた浮世絵（国立国会図書館蔵）

苦心の末に小石川上水を完成させた忠行は、家康より大いに称賛され、「主水《もんと》」の名を賜《たまわ》る。また、忠行のつくった小石川上水が元となり、やがて神田上水が築かれ、江戸市民ののどを潤したことは本文にて述べた通りである。

その後も大久保忠行は、「主水《もんと》菓子」と呼ばれるようになった**お菓子つくりで家康に仕え続けた**。そして、1616年、家康がこの世を去ると、後を追うようにして翌年、その生涯を閉じたのである。

しかし、彼の死後も、子孫は代々幕府御用達《ごようたし》の菓子《かし》司《つかさ》を勤め上げることとなる。彼らもまた、戦働きのない天下泰平の世で、徳川家のために尽くしたのである。

二代将軍・徳川秀忠［1605〜1623年］が天下泰平の基礎をつくる

①

天下泰平の基礎をつくった二代目

●徳川の家督を継いだ三男坊

▲徳川秀忠の肖像画

二代将軍・徳川秀忠というと、どうしても偉大な父・家康の陰《かげ》に隠れて、地味《じみ》な印象がある。しかしながら、徳川家康はわずか2年で将軍職を秀忠に譲り、駿府に居を移しているのだから、本格的な江戸城と江戸の町の改造（天下普請）は、江戸で政務をとっている秀忠のお膝元《ひざもと》で行なわれたといってよい。また、将軍職を譲った後も大御所《おおごしょ》として政治の実権を握り続けた家康が亡くなったのは、秀忠37歳の働き盛りの頃。二代将軍・秀忠はその後も福島正則《まさのり》を改易《かいえき》するなど大名の統制に努めたり、朝廷との新たな関係を築いたりと、幕政に大きな影響を及ぼしたのである。ここでは、比較的影が薄いという印象のある二代将軍の生きざまにスポットを当てていこう。

徳川秀忠は、1579年、家康の三男として生まれた。家康が織田信長と同盟を組み、その天下取りに尽力していた頃である。

▲徳川秀忠を大いに苦しめた真田昌幸

本来、三男であるから、家督《かとく》を継ぐはずではなかったのだが、秀忠が誕生した年に、長兄・信康《のぶやす》が武田家との内通の嫌疑《けんぎ》をかけられて自害し、その5年後、次兄（結城秀康《ゆうきひでやす》）が豊臣家に養子に出たため、秀忠が徳川家を継ぐこととなったのである。

1600年の関ケ原の戦いでは、徳川家の大軍勢を率いて出陣したにもかかわらず、上田城で真田昌幸《さなだまさゆき》・信繁《のぶしげ》（幸村《ゆきむら》）親子相手に苦戦を強《し》いられ、関ケ原で行なわれた本戦に間にあわないという失態《しったい》を犯してしまう。しかし、1603年に江戸幕府が開かれ、2年後に家康から将軍職を譲られると、大御所・家康とともに江戸幕府の体制固めに尽力。家康の死後は名実ともに権力者となり、幕政の充実に努め、父・家康と同じく、子の家光に将軍職を譲った後も大御所として実権を握り続けた。いや、家康が幕府が開かれてすぐに駿府に居を移したのに対し、秀忠は死ぬまで江戸を離れなかったのだから、**日本の中心地として変わりゆく江戸の町を形づくったのは、秀忠の功績だった**といっても決して過言ではないだろう。

▲秀忠の正室お江（崇源院）は、わが子を将軍にできた唯一の将軍正妻である

恐妻家？　実は隠し子もいた？

徳川秀忠の正室は、大河ドラマでも有名になった、織田信長の姪《めい》・お江《ごう》（お江与《えよ》・崇源院《すうげんいん》）である。秀忠より6つ年上で、2男5女を生み育てている。

しかも、子の家光が三代将軍になったばかりでなく、娘の千姫《せんひめ》は豊臣家に、和子《まさこ》は天皇家の嫁になっているのだか

◎徳川秀忠　略年表（※年齢は満年齢）

西暦（年）	年齢	主な出来事
1579	0	家康の三男として誕生
1590	11	聚楽第で元服
1595	16	正室崇源院と結婚
1600	21	関ケ原の戦いに遅延する
1603	24	娘・千姫が豊臣家に嫁ぐ
1604	25	家光誕生
1605	26	二代将軍に就任
1611	32	側室に2人目の子が誕生
1615	36	大坂夏の陣起こる　武家諸法度発布
1616	37	家康没
1619	40	福島正則を改易
1620	41	娘・和子が入内
1623	44	子の家光に将軍職を譲る
1627	48	紫衣事件が起こる
1632	53	逝去

ら、江戸時代初期のゴッドマザーといってもよいかもしれない。

秀忠は、お江以外の2人の女性に子どもを産ませてもいる。ただし、そのうちの一人は早世《そうせい》しており、もう一人の子どもは他家に養子に出されている。これは、正室・お江の嫉妬心《しっとしん》からとられた措置だともいわれている。

そのおかげで**秀忠は、すっかり恐妻家《きょうさいか》のイメージが強い。**

しかもそのイメージが、秀忠の影の薄さをより強めてしまっているともいえよう。

② ついに始まった天下普請① 山を崩し、海を埋めろ！

大胆な発想で埋め立てが進められた

前述したように、征夷大将軍となり、江戸幕府を開いた徳川家康は、１６０４年６月、江戸城大増築の計画を発表し、同年８月、西国大名に石垣運搬船の建造と石材の輸送を命じている。その翌年、家康は秀忠に将軍職を譲り、駿府へと居を移す。そして、実際に第一次天下普請が始まったのが、１６０６年３月１日。いよいよ、江戸城の大増築のスタートである。

この天下普請で行なわれたのは、江戸城をはじめとする建造物の構築だけではない。江戸の町の地形にも大きく手が加えられた。一番象徴的なのは、あの江戸城の目の前まで突き出していた**日比谷入江が埋め立てられた**ことであろう。

日比谷入江が埋め立てられた理由はいくつか挙げられる。一つは宅地等の造成のため、もう一つは城の目前まで外国船等が近づくのを防ぐ海防上の理由、そして最後に、堀の開削等で自然と溜《た》まってしまう膨大な残土《ざんど》などの処理のため、である。

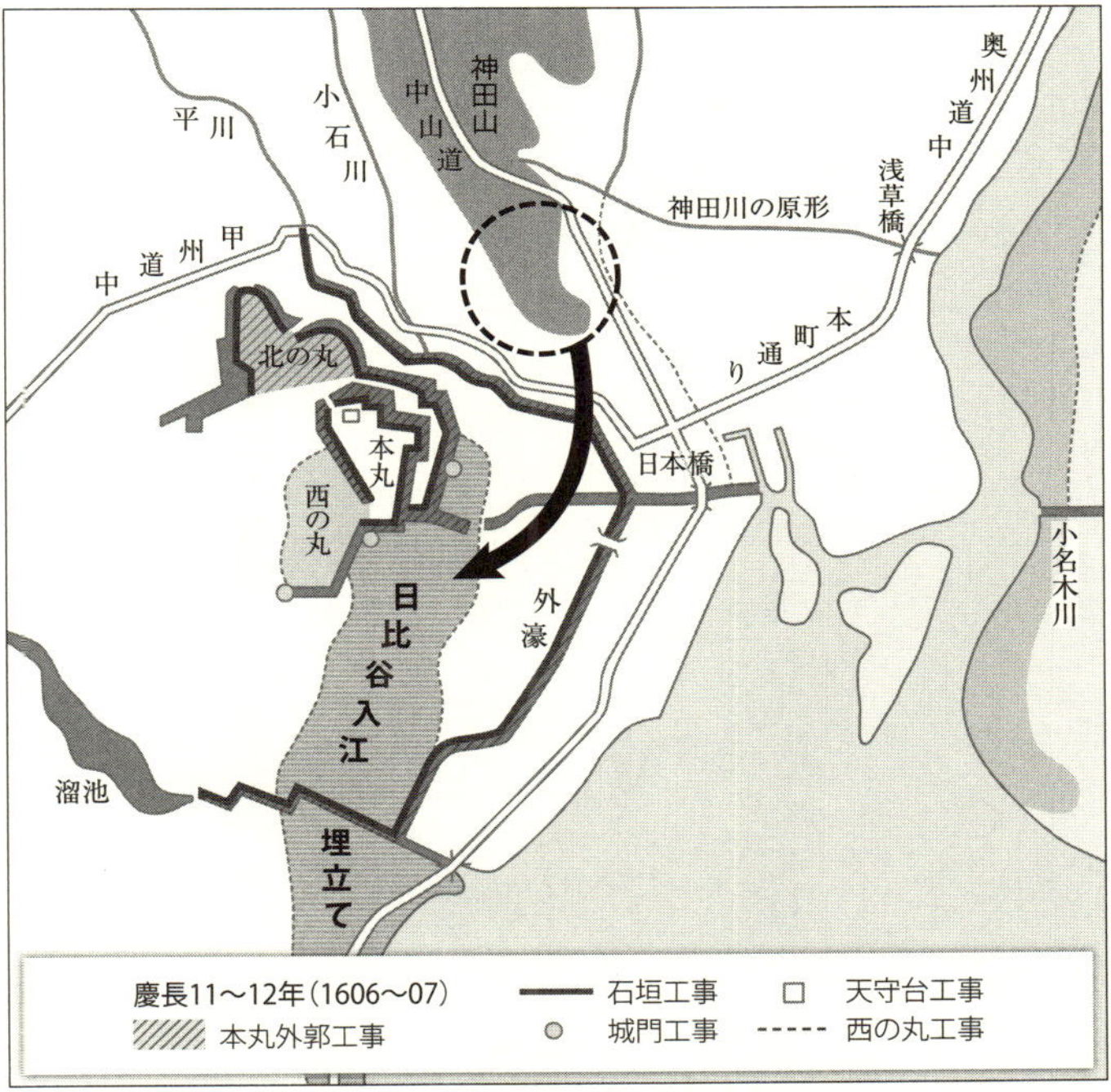

▲第一次天下普請の行なわれた1606～07年頃の様子。日比谷入江が埋め立てられ、江戸城本丸、西の丸、外濠などが形づくられている（『スーパービジュアル版江戸・東京の地理と地名』〈鈴木理生著・日本実業出版社〉の図を参照し、神田山の土で日比谷入江を埋め立てたことを強調しました）

しかしながら、土木残土だけでは日比谷入江を埋め立てすることなどできない。そこで幕府は、北方の神田山の一部を切り崩し、埋め立ての用に供したのである。

第1章でも述べた通り、埋め立て地は原則、町人が住む町となり、台地には武家屋敷が建ち並ぶようになる。切り崩された神田山の南には、家康の死後、駿河国にいた徳川の家臣たちが呼び寄せられて、この地に住むこととなった。そうして、ついた名前が今も残る「駿河台」である。

埋め立て準備と水路の確保

とはいえ、この日比谷入江の埋め立ては、第一次天下普請の時だけで完了したわけではない。それ以前から入念な準備等が進められていたのである。これ以前に行なわれたのが、65ページに記した平川の水路の変更である。同ページの図を参照いただくとわかるように、かつて平川は日比谷入江に注《そそ》いでいた。そのままでは入り江の埋め立てがうまくいくはずがない。それを見越して家康は、まず平川の流れを変えることにしたのだと考えられている。

しかし、日比谷入江を完全に埋めてしまっては、不都合が生じることもある。第一は水運の問題である。ここをまったくの陸地にしてしまっては、せっかくの江戸の水運が台無しである。道三堀、小名木川とつなげてきたソルト・ロードも江戸城までつながらなくなってしまう。ましてや、当時は江戸城の大改修の真《ま》っ最中《さいちゅう》であり、石垣ほか、建築資材の搬入が頻繁に行なわれていた時である。そこで幕府は93ページの地図にあるような外堀をはじめとする水路を確保しつつ、埋め立てを進めていったのだ。

この図を見ていただくと、大御所《おおごしょ》・家康と二代将軍・秀忠により進められた第一次天下普請における地形の変更と次項で語る江戸城の大改修とにより、急速に江戸城下が形づくられていく様子がはっきりと見て取れることであろう。

▲現在の日比谷周辺を描いた歌川広重の浮世絵。江戸城のお濠と石垣、そして大名の上屋敷が見える（国立国会図書館蔵）

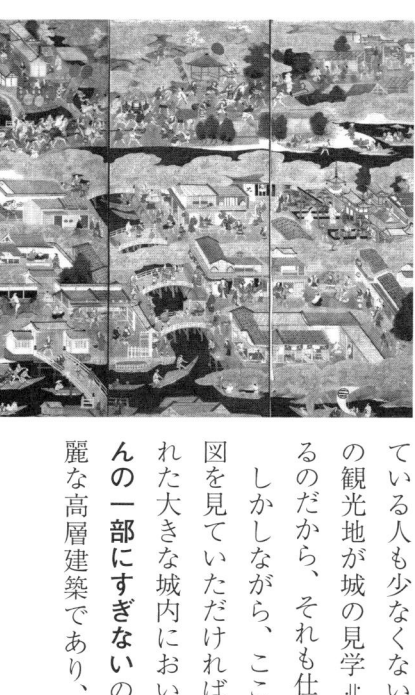

③ ついに始まった天下普請② 江戸城・天守閣の竣工

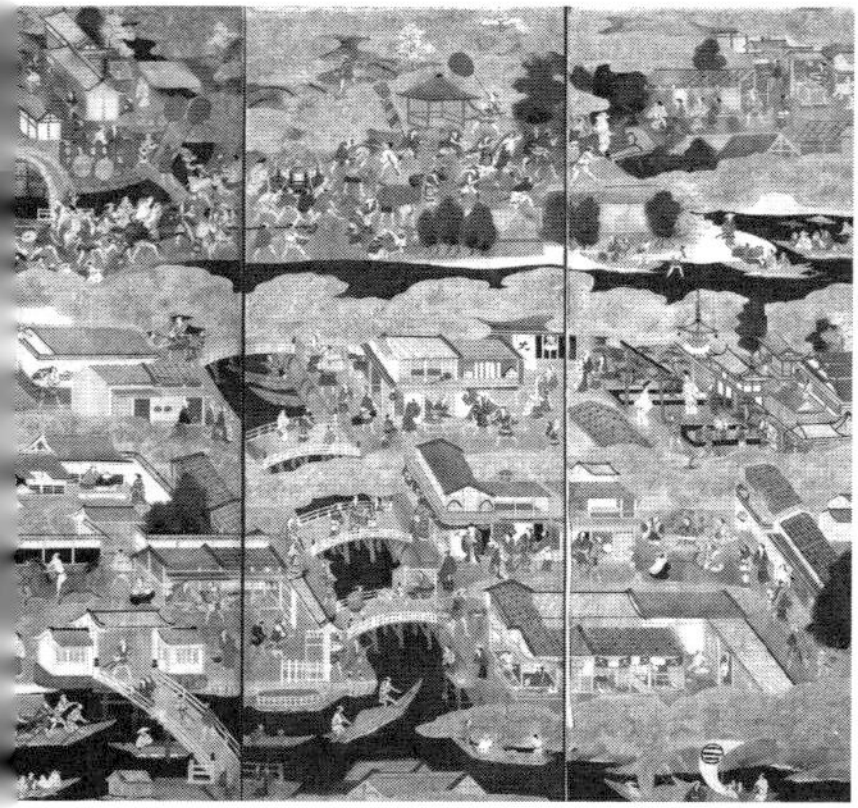

城と天守

第一次天下普請の目的は、江戸城の大改修にある。

ところで、「城」と聞いて、多くの人が思い浮かべるのは天守《てんしゅ》（天守閣《てんしゅかく》）ではないだろうか。それどころか、あまり歴史に興味のない一般の方にとっては「城≒《ほぼ》天守」だと思っている人も少なくないようだ。大阪城のような現在の観光地が城の見学≒天守の見学のようになっているのだから、それも仕方がないのかもしれない。

しかしながら、ここに掲げた豊臣時代の大坂城の図を見ていただければわかる通り、濠《ほり》や石垣に囲まれた大きな城内において、**天守の占める割合は、ほんの一部にすぎない**のである。もちろん、天守は壮麗な高層建築であり、統治のシンボル、すなわち、

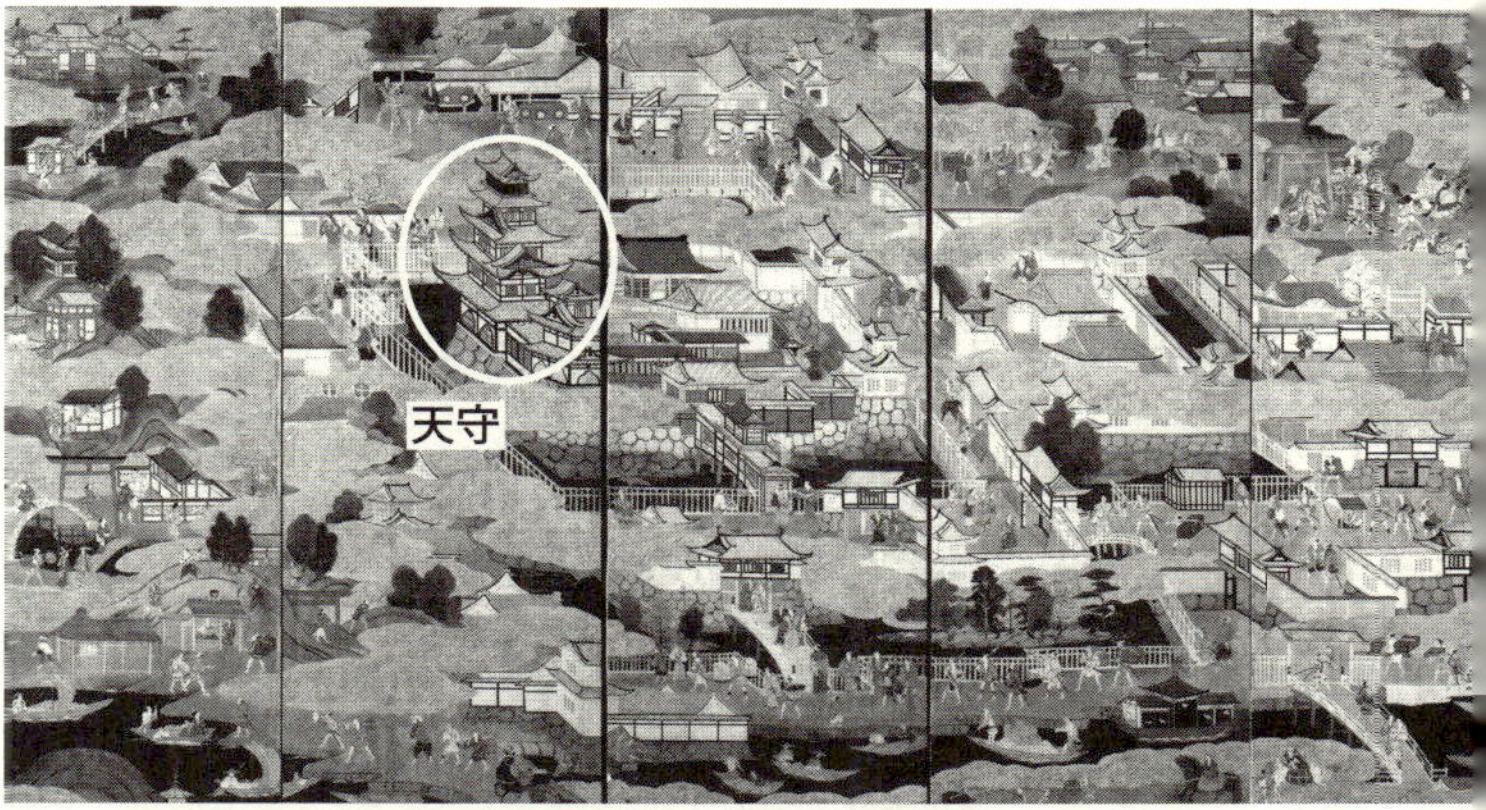

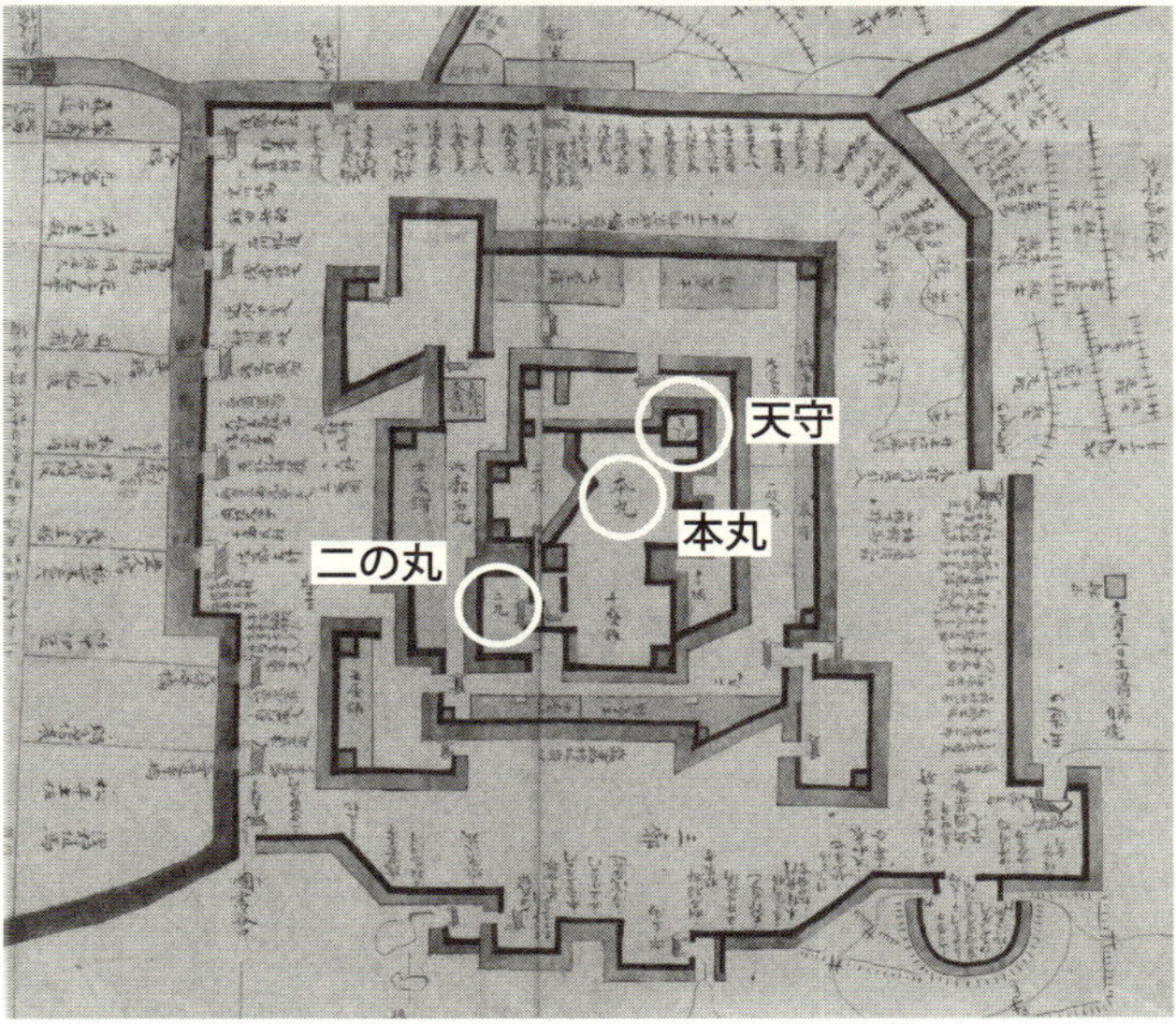

▲（上）大坂図屏風
（下）大坂城史仕寄之図（国立国会図書館蔵）

▲江戸城の設計に携わった藤堂高虎

その地を治める領主の威光を示す重要な建物であることは間違いない。しかしながら、面積や使用頻度等の面からみてみると、城主が住んだり、政務を行なったりといったさまざまな建物が並んでいる本丸《ほんまる》御殿のほうが、明らかに比重は高い。また、その外側に二の丸、三の丸などの敷地があり、世継ぎや隠居後の先代城主などが暮らす西の丸などもつくられる。有力家臣の屋敷も城内に設けられた。こうしたさまざまに区画された敷地と建物群を合わせて巨大な江戸城は成り立っているのである。

江戸城の縄張を担当したのは？

この本丸、二の丸などの一定の区域（敷地）のことを「曲輪《くるわ》（郭）」という。そして、

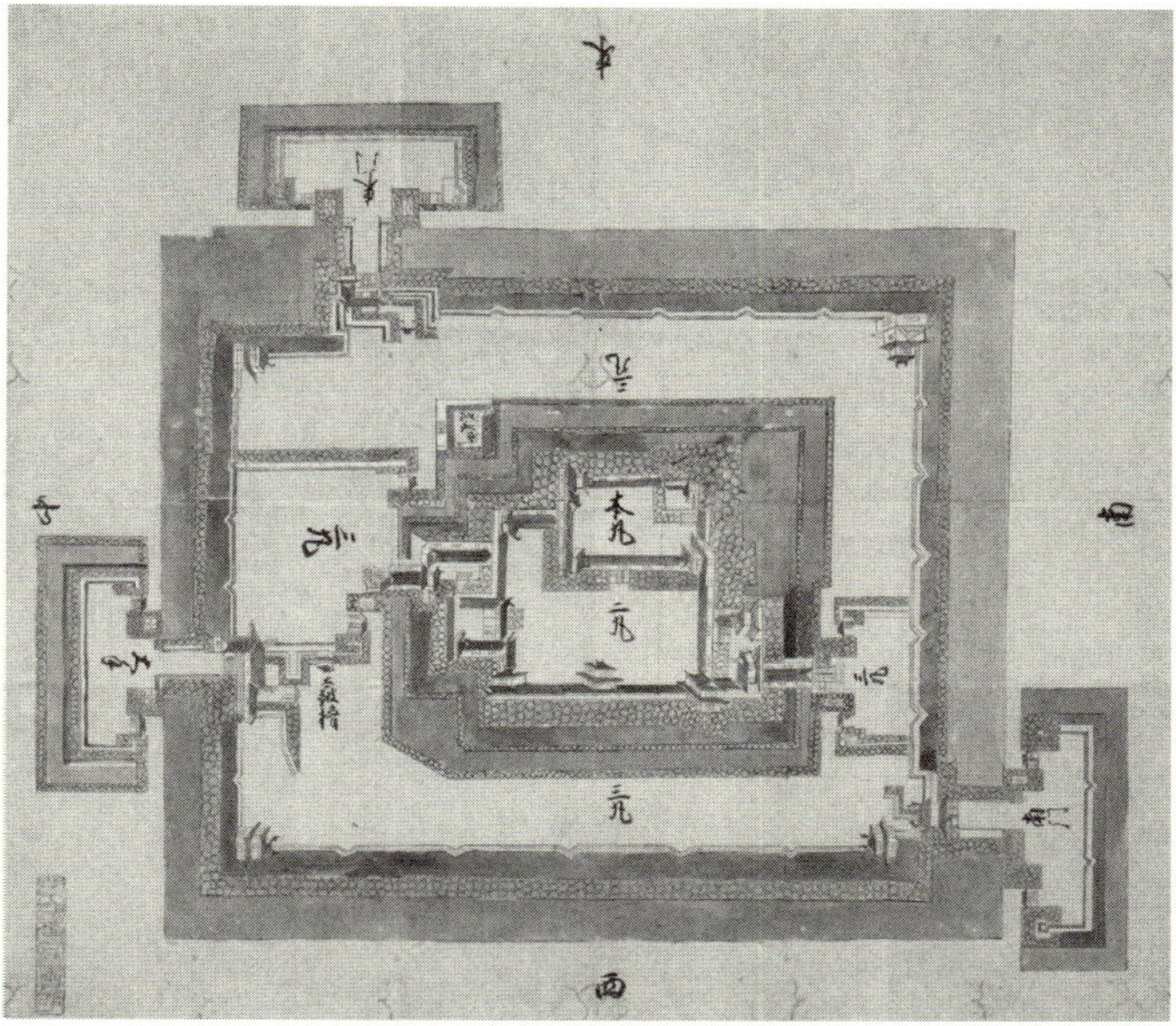

▲藤堂高虎が縄張した丹波篠山城（国立国会図書館蔵）

この曲輪をどう取り、どのような建物をつくるかの基本設計のことを「縄張《なわばり》」と呼ぶ。**江戸城の縄張を担当したのは、藤堂高虎《とうどうたかとら》である。**

藤堂高虎は、かつて浅井長政、織田信澄《のぶずみ》、羽柴秀長《はしばひでなが》、豊臣秀吉等に仕え、朝鮮出兵を含む多くの戦いで戦功を挙げた武将である。身長6尺3寸（約190㎝）という大男で、戦に長《た》けていただけでなく、築城の名手とうたわれ、伏見《ふしみ》城、丹波篠山《たんばささやま》城、丹波亀山《かめやま》城、（秀吉時代の）大坂城などの築城に携わった。

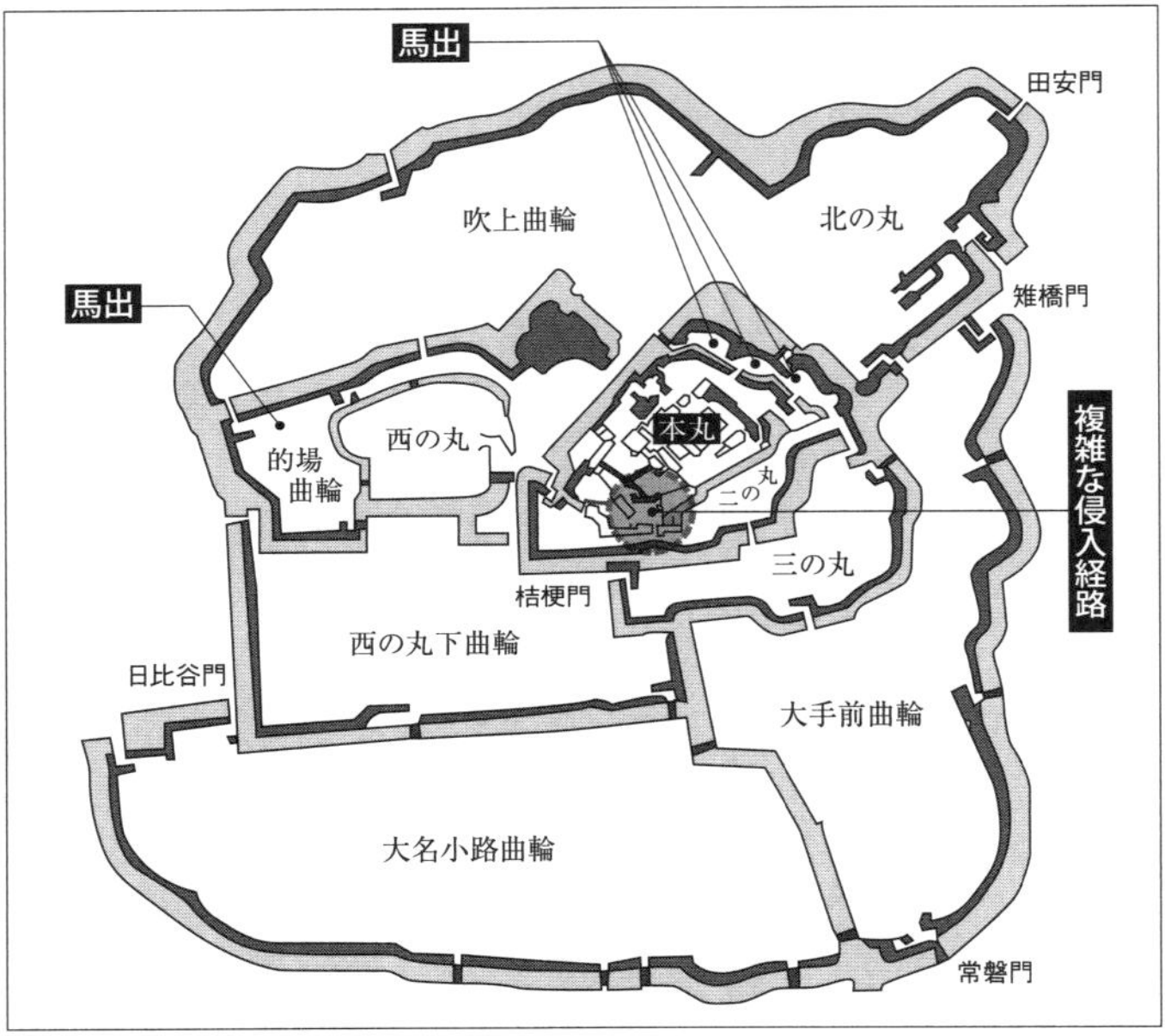

◀(左)『慶長江戸絵図』（東京都立図書館蔵）▲(上)第一次天下普請の頃の江戸城の縄張図
(『慶長江戸絵図』、および千田嘉博氏の論文『集大成としての江戸城』の図を元に作成しました)

それでは、ここで、藤堂高虎が行なったという江戸城の縄張についてみていくことにしよう。ここに掲げたのは、東京都立図書館蔵の『慶長《けいちょう》江戸《えど》絵図《えず》』と、その説明図である。中央やや右上に本丸、その左側に西の丸がある。この二つと西の丸の左にある的場曲輪《まとばくるわ》以外は細かい敷地に分かれて小さく文字が書いてあるが、これはすべて徳川家臣、大名たちの屋敷である。

この図面を見て気づくのは、**当時の江戸城が実戦的な城であった**ということだ。全体が濠《ほり》

や石垣で囲まれているのはもちろんのこと、本丸に入るための経路が複雑な形をしており、一気に攻め込まれないための工夫がなされていることもわかる。

　また、西の丸の左にある的場曲輪は、防御施設でもあり、敵に知られずに出陣の準備をするためのいわゆる「馬出《うまだし》」の機能を持っていたと推測されている。しかも、ここから西の丸の上部を通って本丸と西の丸の間の敷地にまで容易に出られる経路が築かれている。本丸が落ちた後でも、西の丸で十分戦える仕組みができていたのだ。この西の丸は、「新城」ないし「御隠居城」と呼ばれ、家康の江戸滞在時の宿とされていた。本丸と比べても遜色《そんしょく》ないほど広域で立派な構造となっている。また、本丸の右上にも馬出と思われる敷地が三つも見られる。本丸の防御ならびに攻撃力を高めるために設けられた施設と考えて間違いない。

なぜ、このように当時の江戸城は実戦的な城となっていたのだろうか。それは豊臣秀吉の遺児《いじ》・秀頼《ひでより》とその生母・淀殿《よどどの》が、まだ大坂城に健在であり、いつ豊臣家とそれを慕《した》う大名たちとの一戦があるかもしれない、との思いから来たものであろう。家康、秀忠の時代、特に大坂の陣で豊臣家が滅亡するまでは、まだまだ真の意味で天下泰平《てんかたいへい》の世とはなっていなかったわけである。

❸巨大で実戦的な天守

天守は、広大な城の中で、ごく一部の施設にしかすぎない、という話をこの項の冒頭で述べた。しかし、城郭建築において、天守が重要な意義を持っていることは間違いない。家康・秀忠がつくった江戸城の慶長天守《けいちょうてんしゅ》もまた、本丸の中心部に近く、重要な位置を占めていたのである。

天守には、いくつかの役割のあることが知られている。一つは城主の権威の象徴としての役割だ。それゆえ、客人との接見《せっけん》等も多く天守で行なわれた。もう一つは、物見《ものみ》、すなわち、攻め来る敵や忍び入る賊《ぞく》の見張りとしての役割であり、本来は、この目的のために築かれたのが始まりであったともいえる。第三として、貯蔵《ちょぞう》の役割がある。城が攻められ、籠城《ろうじょう》を行なうような場合に備え、食料等の物資を保管しておく場所として、天守は機能していたのだ。そして、もう一つ、特に徳川の慶長天守には、特徴的な役割があったとされている。それは、戦場《いくさば》としての役割である。

実はこれまで、第一次天下普請でつくられた慶長天守が具体的にどのようなものだったのか詳しくわかっていなかった。いくつかの目撃証言などは残っていたものの、図面などの史料に乏《とぼ》しかったためである。101ページに記載した『慶長江戸絵図』を見てみても、本丸の中身の建物は走り書きのような感じでどれが天守なのか、いまいちはっきりしないところがあった。ところが、2017年2月、島根県松江《まつえ》市が、松江市立松江歴史館が所蔵している『江戸始図《えどはじめず》』が、第一次天下普請終了直後の1607~09年ごろの図面だと発表したのである。であれば、前述した『慶長江戸図』とほぼ同時期のものということになる。この図面には城内に屋敷を持つ大名たちの氏名が書かれているため、その生没年をたどることで、正確な年代が確定できたのだという。

この図には、本丸の様子がより詳しく描かれており、天守は単独ではなく、主となる大天守と、二つの小さな天守を櫓《やぐら》でつないだものだとわかった。このような形式は、城郭建築ではしばしば見られるもので、有名なところでは、世界遺産・姫路城《ひめじじょう》もそうである。

複数の天守をつなげると、そこに「天守曲輪《てんしゅくるわ》」とでもいうべき空間ができる。また、先述したように天守には、物資を保管しておく機能があるくらいだから、もし本丸が落ちても、天守に籠《こ》もり徹底抗戦《てっていこうせん》ができるだけの能力が備わっていたわけである。これもまた、当時の江戸城が、**豊臣勢などとの戦《いくさ》を考慮に入れた「戦う城」であった**証明といえよう。徳川家康や秀忠の頭の中では、まだ戦国時代は終わっていなかったわけであ

▲『江戸始図』に記載された天守部分を再現した図

る。

そして、この戦う城・江戸城天守は、規格外に大きなものであった。石垣の高さ約20m、五層五階の建物が約48mで、合計約68mもの高さになった。現存する最大の天守が姫路城で、石垣を含めた全体の高さが約47mである。また、徳川家のライバルであった豊臣時代の大坂城がそれより少し小さい40mくらいであるから、いかに江戸城が巨大な城であったかがわかろう。

壁面には、白い漆喰《しっくい》が塗られており、ひときわ大きな江戸城は、まるで雪山のようにそびえていたという。美しさと強さを兼ね備えていた城だったのである。

▲大天守と小天守が連結している国宝・姫路城。あるテレビ時代劇で江戸城として登場したこともある

※本項の執筆に際しては千田嘉博氏の論文『集大成としての江戸城』他を大いに参考とさせていただきました。

④ なぜ、第二次天下普請はすぐに終わったのか

続けられた江戸改修工事

第一次天下普請によって、江戸と江戸城はおおむね形となった。1606年9月、第一次天下普請が始まって半年が過ぎた頃、二代将軍・徳川秀忠が江戸城本丸に入っているので、この時期をもって第一次天下普請はひとまず落ちついたと考えてよいだろう。しかし、その後も、いくつかの工事は進められた。特徴的なのは、**船入堀《ふないりぼり》の建設**である。

『御府内《ごふない》備考』という史料の中に、この船入堀の建設に関する一節がある。

「慶長十六年（1611）十二月七日、安藤対馬守《つしまのかみ》に命ぜられ、来年江戸船入をほらしめ、運送の船つきの通路の自在なるべきやう《よ》に、中国九州の諸大名におほ《お》せて人夫を出さしむべき由仰《よしおおせ》あり。」

つまり、大量の物資輸送のための船着き場として、西国大名を動員して、この船入堀をつくったというのである。ちなみに、この記述の後に、秀忠が安藤対馬守に船入堀の図面を持たせ、駿府にいる家康に決裁《けっさい》をもらってくるよう指示している場面が出てくる。大御

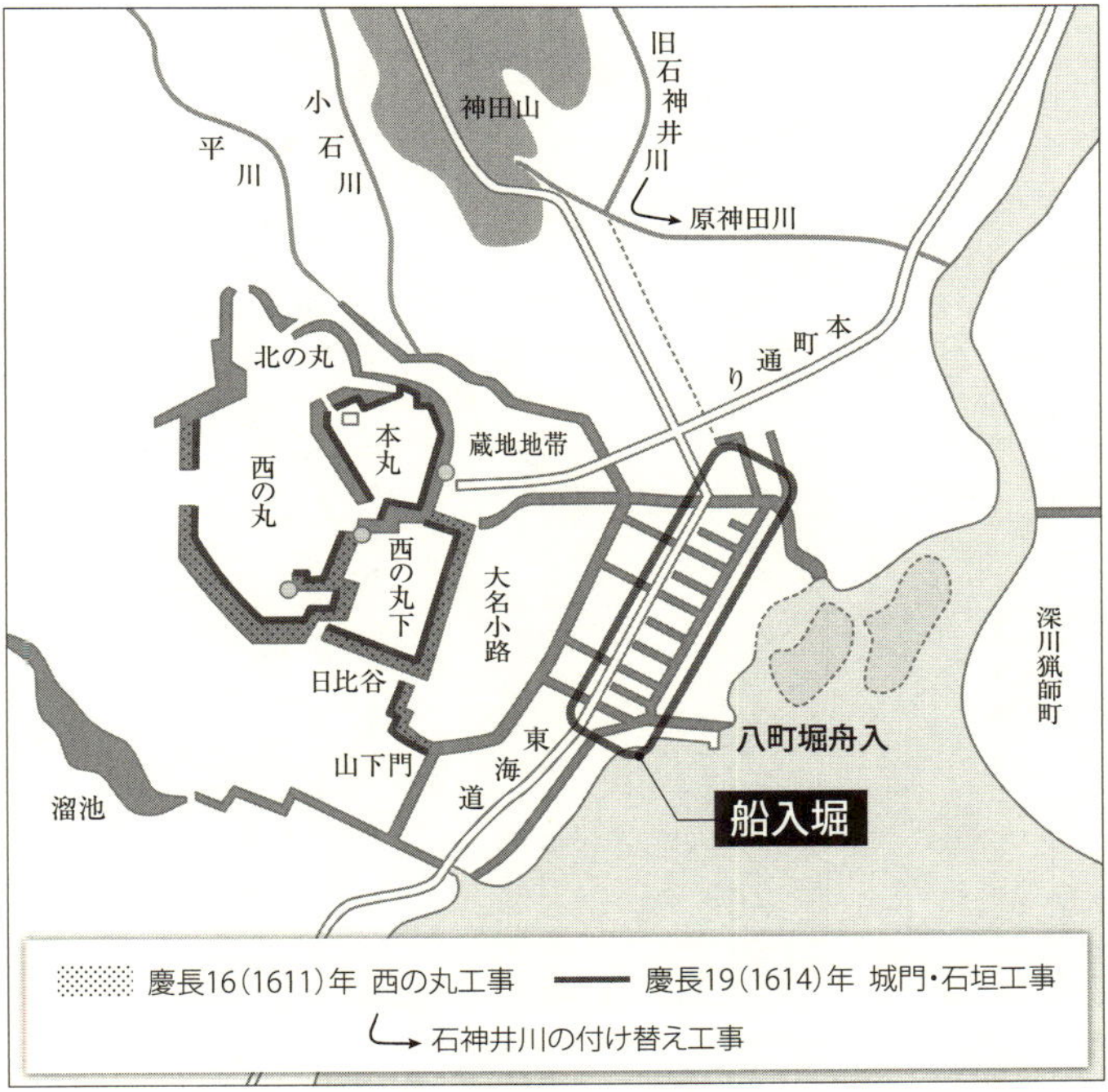

▲第二次天下普請の行なわれた1612〜15年頃の様子。右下に船入堀が見える（『スーパービジュアル版江戸・東京の地理と地名』〈鈴木理生著・日本実業出版社〉の図を参照し、船入堀を強調しました）

所が権力を握っているさまが伝わってくる記述でもあるわけだが、図面を持って決裁をとらせているところをみると、船入堀建設を発案したのは秀忠だったのかもしれない。

いずれにせよ、堀幅が三十間《さんじっけん》（約55ｍ）もあったことから別名「三十間堀」とも呼ばれた、この巨大な船入堀の完成ののち、

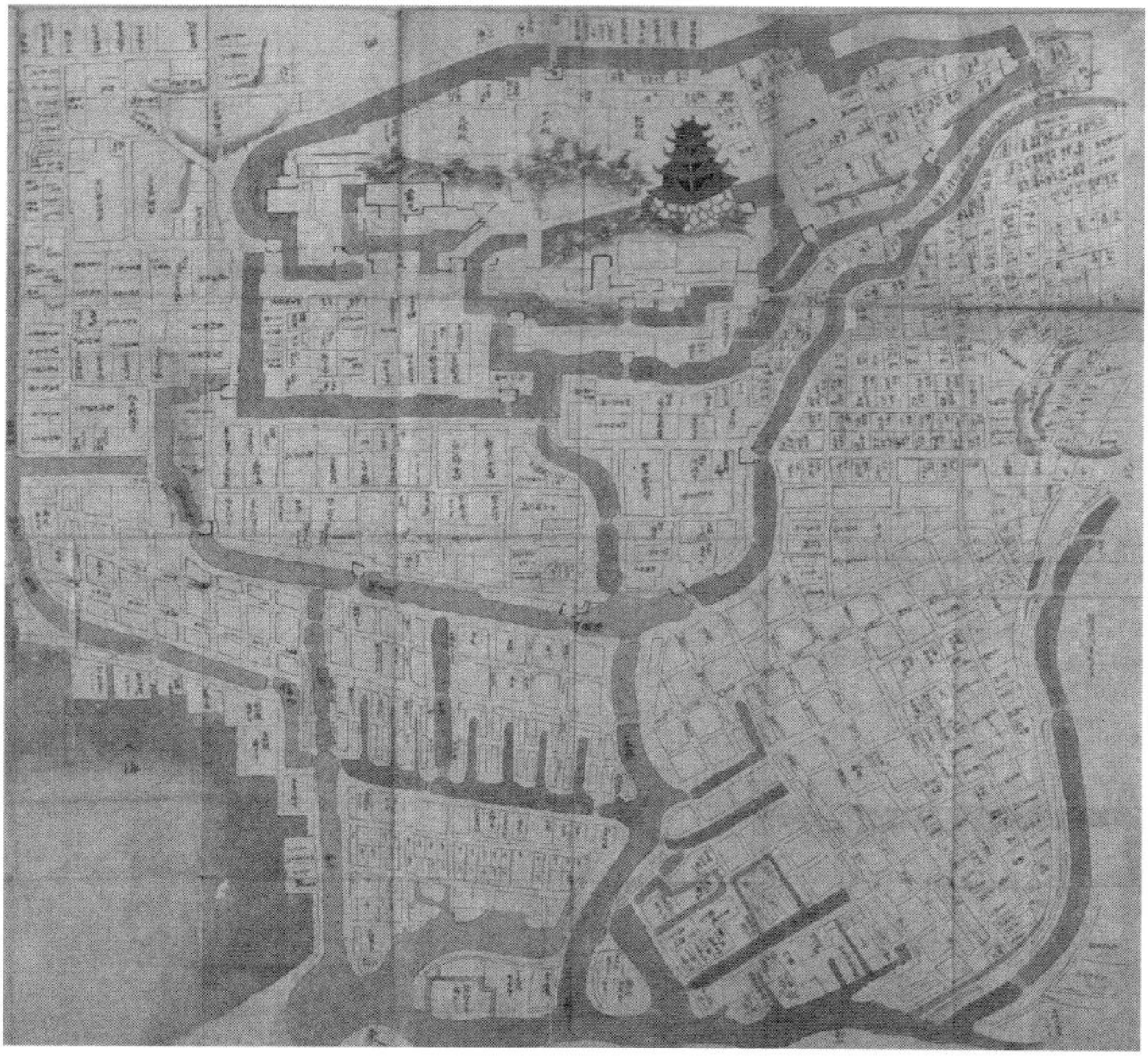

▲三代将軍・家光の頃（1634年）のものといわれる江戸図［写本］。中央やや下に船入堀が描かれている［右上の天守は二代目のもの］（国立国会図書館蔵）

二代将軍・徳川秀忠は、満を持して第二次天下普請を発令するのである。

1年足らずで終わった第二次天下普請

第二次天下普請は、１６１３年10月に予告がなされ、翌１６１４年３月に起工されている。工事の内容としては、埋め立てられた日比谷入江、江戸前島の再整備、本丸、西の丸などの城門や石垣の工事であった。

しかしながら、この第二次

天下普請は約半年後の9月末になって、急きょ中止に追い込まれる。豊臣家と徳川家の最終決戦である大坂の陣が間近《まぢか》に迫ったためである。工事に参加していた大名たちの多くは、そのまま大坂での戦に加わることになった。

ちなみに、この第二次天下普請の際に召集《しょうしゅう》された大名たちは秀吉時代に豊臣家の恩顧《おんこ》を大いに受けた者が多かった。家康は、もし彼らがこのたびの決戦（大坂の陣）で、豊臣方についたら困る、というので、一時的に彼らの力を奪うために、厳しい天下普請に強引に参加させたのだともいわれている。

この大坂の陣は、1614年冬に始まり、一旦、講和・休戦を挟《はさ》んで1615年夏、豊臣秀吉の後継・秀頼らが自刃《じじん》を遂げ、終わりを告げる。そして、その翌年には大御所・徳川家康がその波乱万丈の生涯を閉じている。

※天下普請の「第一次」「第二次」という区切りは諸説ありますが、本書では鈴木理生氏の分類にならっています。

5 日光東照宮と吉原

間にもいくつか動きがあった。ここでは、その中から二つの大きな出来事を紹介しておこう。日光東照宮《にっこうとうしょうぐう》の造営と吉原《よしわら》の開設である。

関八州の鎮守とならん

徳川家康の死去（1616年）から第二次天下普請が再開される（1620年）までの

江戸幕府初代将軍・徳川家康は、1616年4月17日、74歳でこの世を去った。その臨終の直前に、「我なきあとは日光にさゝ《さ》やかな堂を建てよ。関八州の鎮守《ちんじゅ》とならん」と遺言《ゆいごん》を残したという。その遺言に従い、また、かつて藤原氏の祖である藤原《ふじわら》（中臣《なかとみ》）鎌足《のかまたり》の廟《びょう》が摂津《せっつ》から大和へと移設された例にならい、家康の廟は駿府の久能山《くのうざん》に祀《まつ》られた後、日光へと移された。

その改葬《かいそう》地である日光東照宮の造営が行なわれたのが、1616年10月から翌年3月にかけてであった。『上野御宮由来記』という史料によれば、東照宮造営の惣奉行《そうぶぎょう》として活躍したのは、藤堂高虎と本多正純《まさずみ》（正信の長男）であった。とはいえ、この時に建てられ

▲現在も観光客でにぎわう世界遺産・日光東照宮

たのは、現在残っている東照宮とは少々趣《おもむき》の異なるものだったようだ。東照宮社務所《しゃむしょ》が大正14年に刊行した『日光東照宮百話』という書籍によると、「此《こ》の時の宮殿は今日のやうに綺羅《きら》びやかなものではありませんでしたが、相応美々《そうおうびび》しいもので」あった、とのことである。現在、国宝であり、世界遺産にもなっている日光東照宮の社殿の多くは、三代将軍・家光の代に大改築されたものであり、秀忠時代のものはほとんど残っていない。しかし、東照宮社務所が記しているように、派手さはなくとも、**家康の廟にふさわしい威厳と美しさのある社殿が建てられたのであろう**と推測できる。

不自然な江戸の町に生まれたものとは

これまでみてきたように、江戸というのは家康の入府以降、急激に形づくられてきた町である。そのため、自然発生し徐々に発展してきた町と比べ、不自然なところがある。その代表的なものが、男ばかりが住んでいる、ということであろう。天下普請で集められた諸国の武士たち、同じく江戸の町造成のために必要とされた職人や商人たちの多くは、今でいう単身赴任《たんしんふにん》の男たちである。ちなみにこの状況は、その後もしばらく続く。参勤交代《さんきんこうたい》制度が成立し、毎年単身赴任の武士たちが大勢江戸に入るようになるのも大きな要因である。幕末までには徐々に改善していくのであるが、**江戸の町は総じて「男たちの世界」であった。**

男性比が多い町に自然と発達するものの代表格が外食屋と遊郭《ゆうかく》であろう。1617年、庄司甚右衛門《しょうじじんえもん》という人物が、江戸各地に散らばる遊女屋を一カ所に集めて遊郭をつくることを願い出て、許可された。これが吉原遊郭であり、甚右衛門は惣名主《そうなぬし》（責任者）となった。ちなみに、この庄司甚右衛門という人物、出自《しゅつじ》は不明とされているが、一説には元小田原北条氏の家臣、それも風魔一党《ふうまいっとう》と呼ばれた忍者集団の生き残りだともいわれている。

吉原ができた場所は日本橋葺屋町《ふきやちょう》（中央区日本橋人形町付近）。当時はヨシの茂る土地

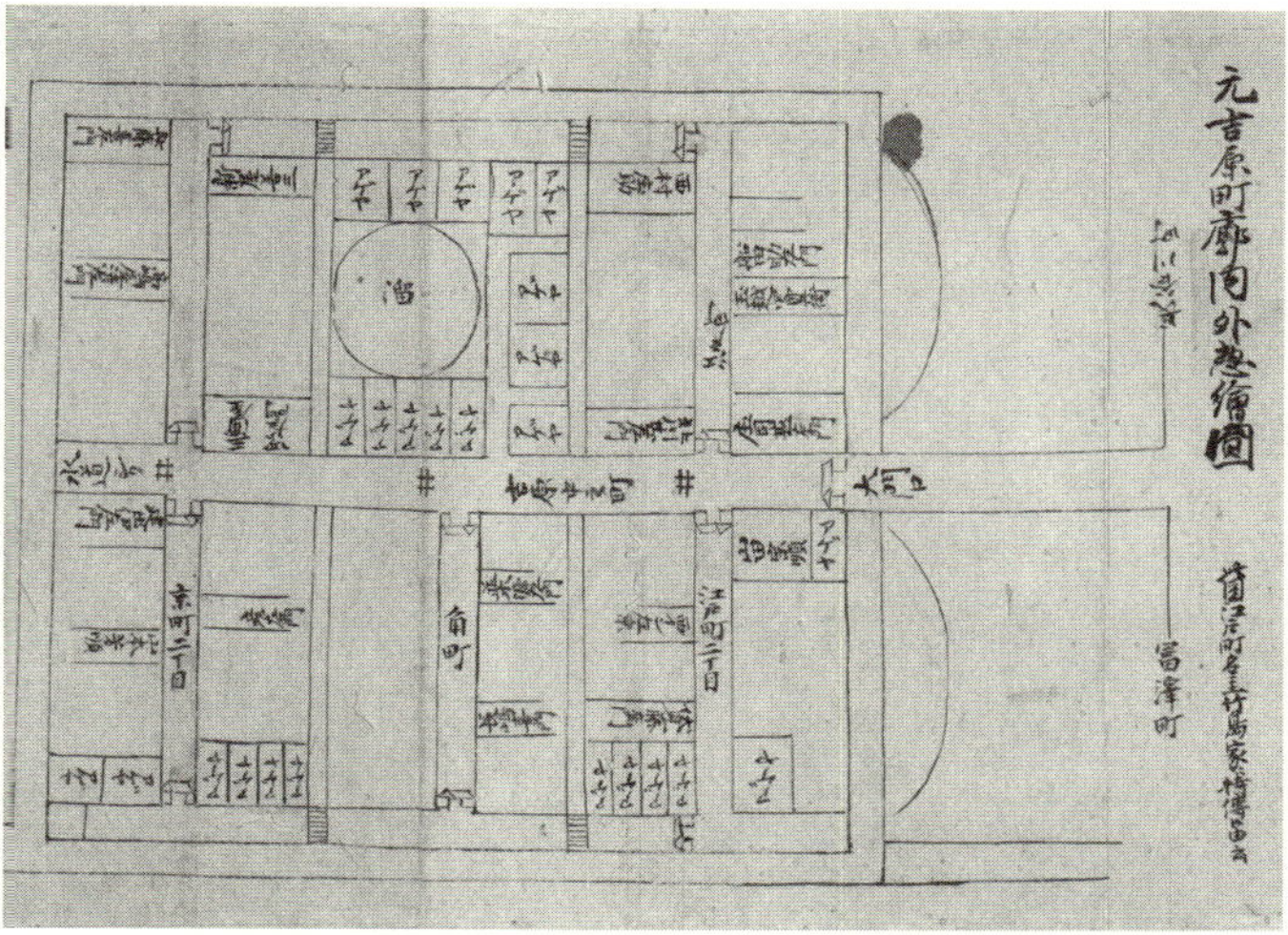

▲元吉原の見取り図。入り口は一カ所で周囲は塀と堀で囲まれていた（国立国会図書館蔵）

柄であったため、「葭原《よしわら》」といったが、のちに、縁起《えんぎ》のよい字を選んで「吉原」と記されるようになったのだという。

しかし、この吉原も、われわれが浮世絵などで目にすることがある、あの吉原とは別の場所である。この地は１６５７年の大火による焼失後、浅草寺《せんそうじ》裏へ移転させられるのだ。浮世絵等に描かれたのは、この新しい吉原であり、「新吉原」とも呼ばれている。一方、この秀忠の時代に築かれた遊郭は「元吉原」という。新旧どちらの吉原も周囲を塀で囲まれ世間と隔絶《かくぜつ》された、絢爛《けんらん》たる別世界だったようである。

⑥ 第三次天下普請と新天守

新たに生まれた川

1620年、秀忠は**第三次天下普請を開始した**。このたびの主要工事は、平川《ひらかわ》の改修と江戸城の改築である。

これまでもみてきたように江戸幕府は積極的に川の流れを変え、運河をつくり、江戸の町を構築してきた。道三堀や小名木川もそうであるし、次項で語る利根川東遷《とねがわとうせん》もそうである。そして今度は、江戸城下の近くを流れる平川などの流れを東へ変え、隅田《すみだ》川へと放流するような工事が行なわれた。工事の理由は、洪水被害《こうずいひがい》から江戸城下を守るためだといわれている。

実はこれ以前の第二次天下普請の頃、平川より東にあった旧石神井《しゃくじい》川が、やはり隅田川へと合流するよう流れを変えられていた（107ページの図参照）。今回は、平川、小石川の流れをこの旧石神井川の流れにつなげるように工事が進められていったのだ。こうして、平川、小石川などは合体して一本の河川となり、神田川と呼ばれるようになるので

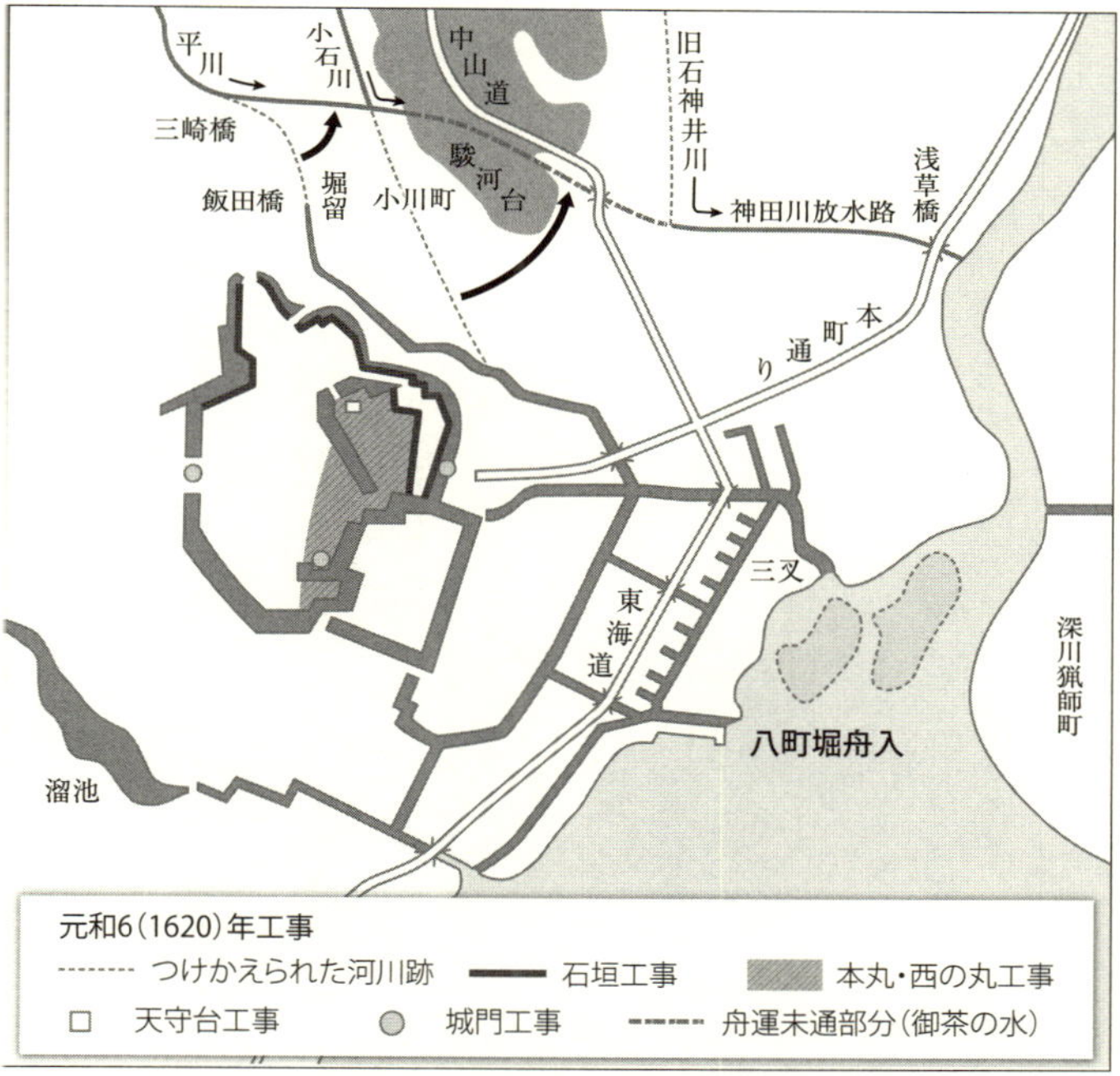

▲第三次天下普請の行なわれた1620年頃の様子。右下に船入堀が見える(『スーパービジュアル版江戸・東京の地理と地名』〈鈴木理生著・日本実業出版社〉の図を参照し、平川、小石川の付け替えを強調しました)

ある。

元和天守の誕生

また、第三次天下普請では、上図にも示されているように、本丸等の改修工事が行なわれ、石垣の高さを増すなどの工事が行なわれている。この工事で特筆《とくひつ》すべき点は、あらたに天守がつくり直されたことであろう。家康がつくった慶長天守は本丸の中央付近にあったのだが、秀忠はそれより

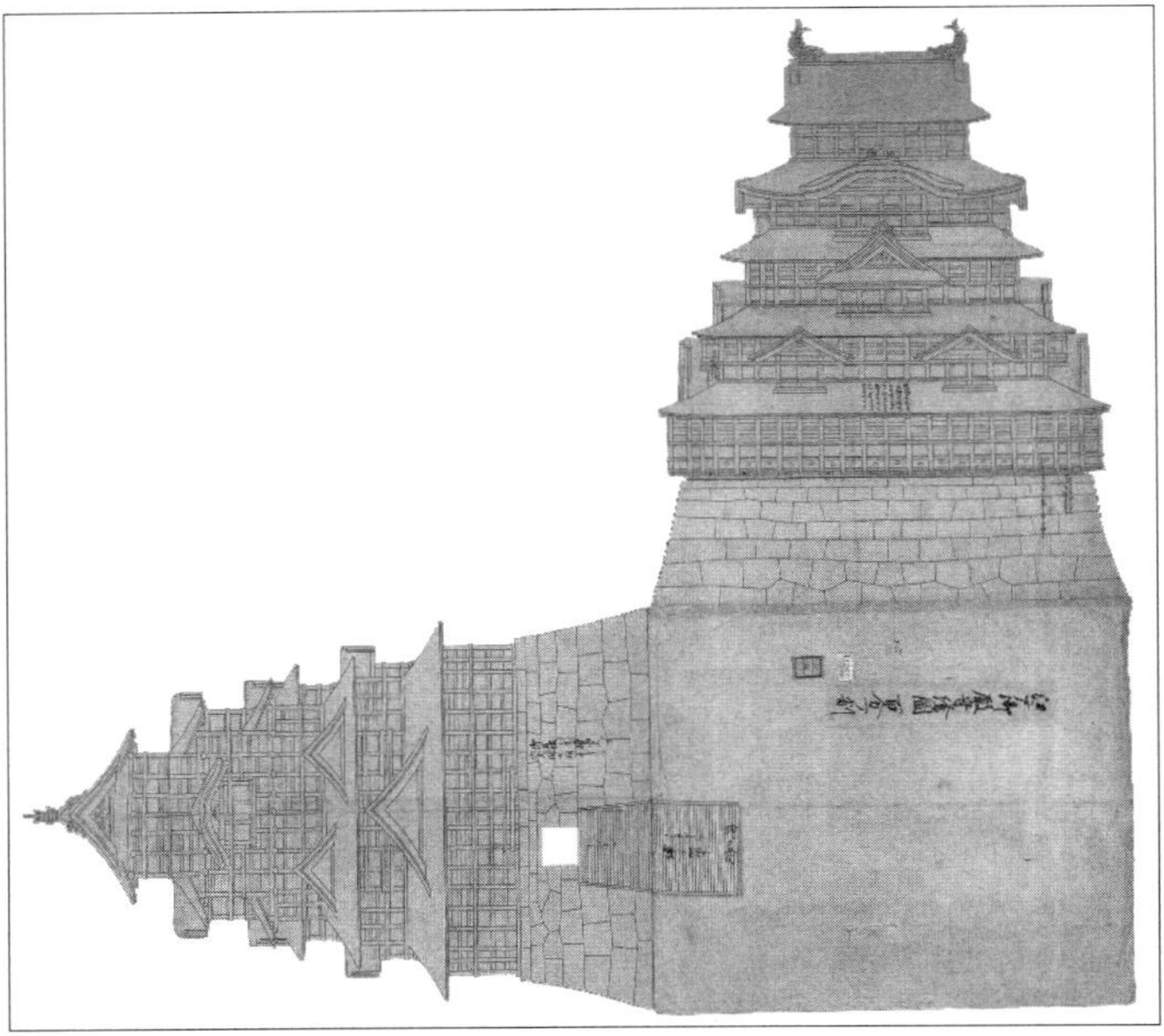

▲秀忠の建造した元和天守のものとされる図面

北の地に新たに天守を築き直した。その場所は、現在残る天守台の位置に相当する。（１０４ページの図参照）

ところで、**二代将軍・秀忠は、なにゆえまだ竣工《しゅんこう》して十数年しか建っていない慶長天守を破却《はきゃく》し、新しい天守を建てたのだろうか。**一説には、慶長天守の建物があまりに巨大であり石積みが壊れかけていたため、あらたにつくり直したのだともいわれている。しかし、それだけではあるまい。偉大なる創業者の跡を継いだ二代目というものは、とかく自分のカラーを出したいと思うもの。関ケ原の戦いで遅参《ちさん》するなど、戦国の世では大きな戦功を挙げることができなかった二代将軍・秀忠が、自分のカラーを出したいと思ったならば、権威の象徴たる天守をつくり替えようとするのは自然な発想なのかもしれない。

秀忠のつくった元和《げんな》天守は、慶長天守と同じ5層5階だが、床面積《ゆかめんせき》はより大きく784畳敷《じょうじき》もあったという。構造も大きく違い、慶長天守が入母屋《いりもや》造りの屋根の上に望楼《ぼうろう》を乗せた「望楼型《ぼうろう》」と呼ばれる形式であったのに対し、元和天守は下から徐々に小さくなるように階層を積み上げていく「層塔型《そうとう》」という形式でつくられていった。天守の造りは望楼型から層塔型へと徐々に変化してきたから、元和天守は最新型の工法でつくられたといってよい。秀忠は、父の築いたものより大きい天守を、最新のやり方で建造したのである。

この元和天守もまた、白い漆喰《しっくい》が塗り込められた、目の覚めるような白い城であり、金の装飾が彩りを添えていたという。元和天守の竣工は1623年といわれ、この年に秀忠は将軍の座を息子の家光に譲っている。以降、秀忠は父と同様に大御所として政務をとることになる。

7 利根川の流れに挑む

利根川東遷の理由と内容

江戸幕府の最大の土木工事としてしばしば語られるのが、利根川東遷事業《とねがわとうせんじぎょう》である。それまで江戸湾（東京湾）に注いでいた利根川の流れを東へと変え、銚子《ちょうし》から太平洋へと流れ込むようにしたのである。この大事業は、江戸幕府が開かれる前の１５９４年に、会《あい》の川を締め切ることから始まったというが、第三次天下普請における１６２１年の赤堀川《あかほりがわ》の開削事業から、より本格的な工事が始まった。なんと東遷事業が終わったのは、１６５４年であった。スタートから約60年、家康、秀忠、家光、家綱という本書で取り扱う四代将軍すべての治世にまたがって行なわれた大事業だったのである。

なぜ、幕府はこのような途方《とほう》もない時間をかけて利根川の流れを変えたのだろうか。

理由はいくつか挙げられている。一つには、川の氾濫《はんらん》による洪水から江戸城下を守るためである。同時に水路を整備して、新田開発を活発化させるという効果もあった。77ページでも扱ったように、東北などから物資を運ぶ際には、江戸湾を経由するよりも、銚子な

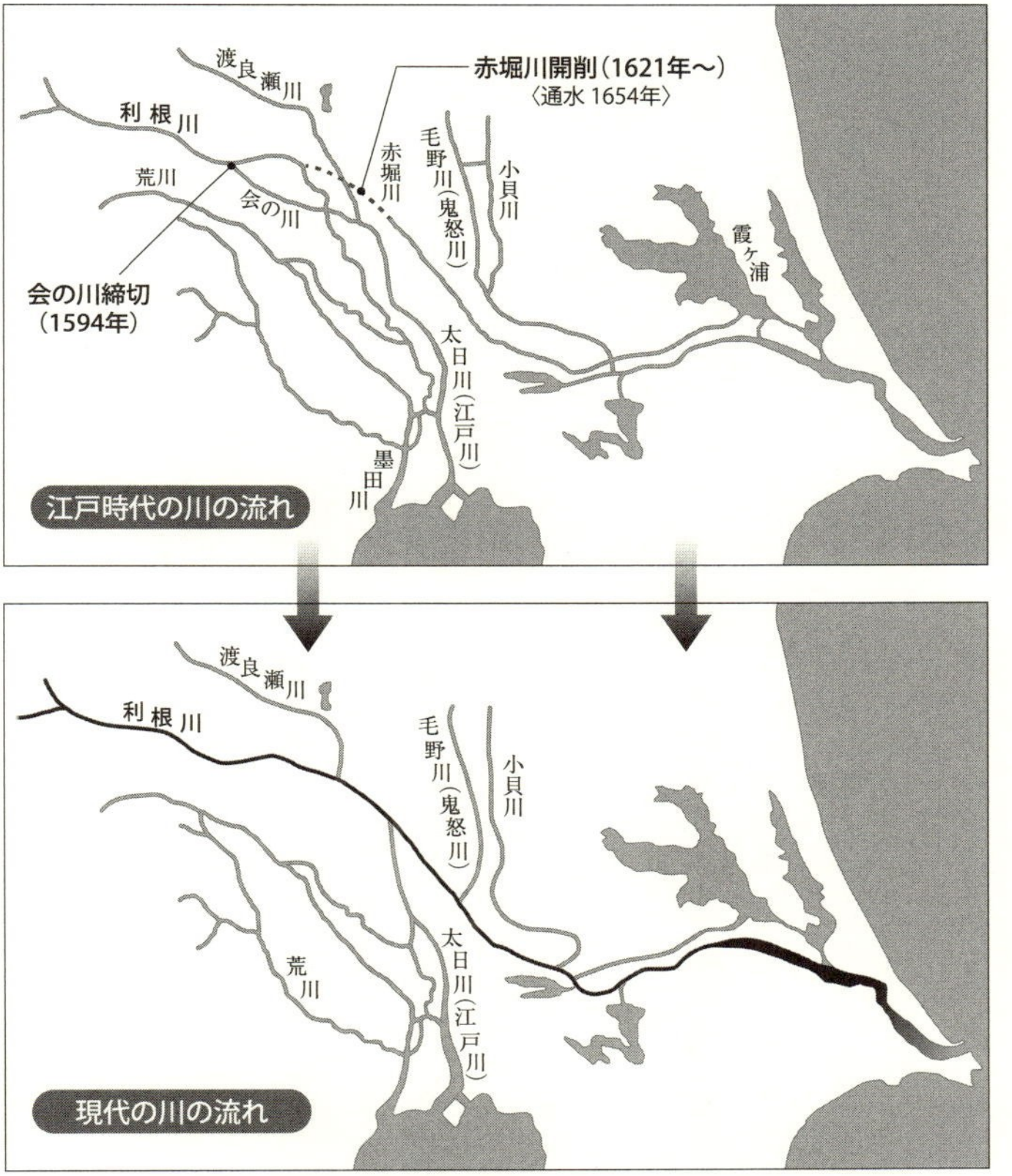

▲約60年もかけて利根川の流れは変えられた（この図は、利根川東遷の様子をわかりやすく示した模式的なものであり、いくつかの川の流れの省略等を行なっています）

どから内陸部を経由して運ぶ「内川廻し」と呼ぶ水路のほうが、安全で、しばしば用いられた。

この内川廻しの水路の確保のためにも利根川という大河川《だいかせん》を銚子へとつなげることが重要であったのだ。

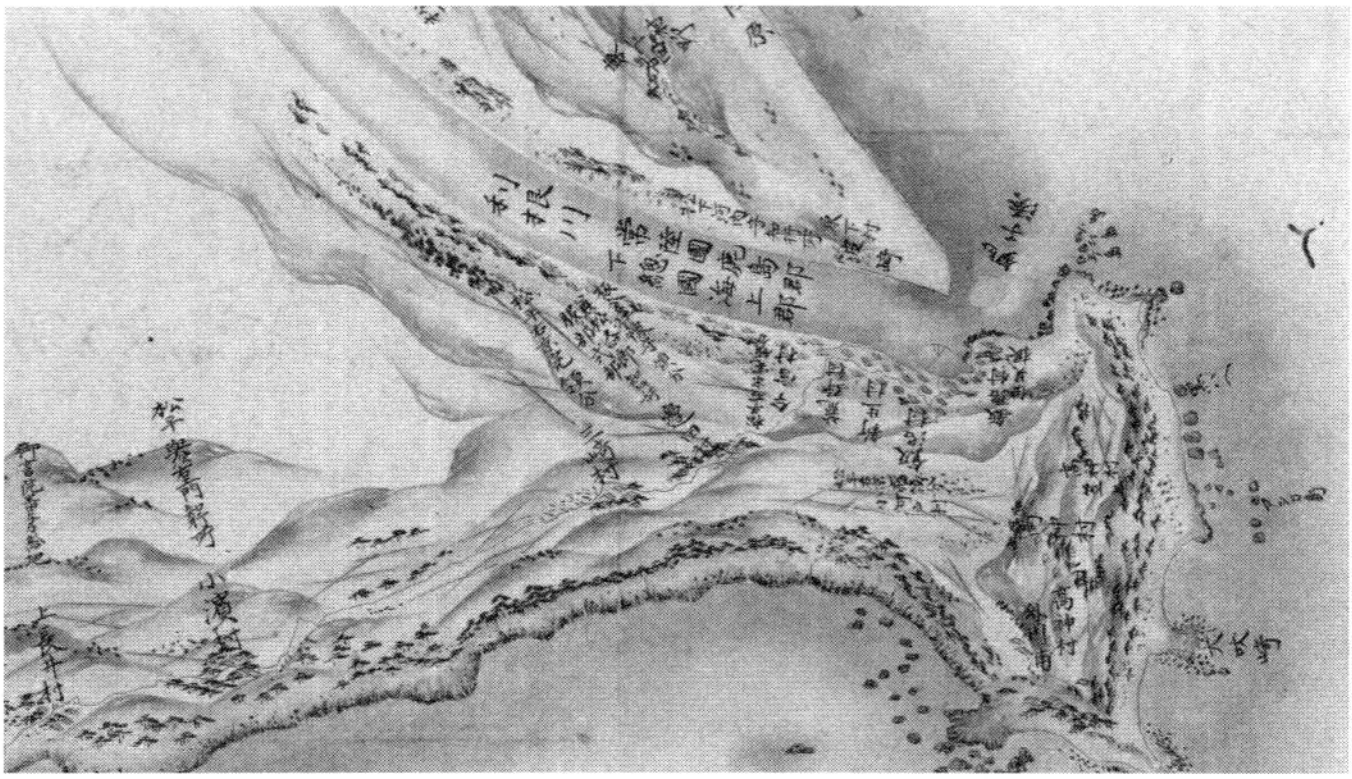

▲伊能忠敬らが作成した「大日本沿海輿地全図」に記された利根川河口部（国立国会図書館蔵）

さらに、これまでの利根川の流れは、古河公方と関東管領の争いを思い出していただければわかる通り、しばしば関東地方を東西に二分してきた。その対立の構図を断ち切り、かつ仙台の伊達《だて》家など有力な東北勢力に備えるための巨大な外濠《そとぼり》として利根川を機能させようとしたのだという。災害防止、産業交流、物流の効率化、防衛力強化というさまざまな効果を期待しての大事業だったわけである。

関東郡代・伊奈氏の活躍

この利根川東遷事業を統括してきたのが、関東郡代《ぐんだい》・伊奈《いな》氏である。関東郡代とは、関東における幕府直轄領《ちょっかつりょう》を支配する行政官の職名で、河川、道路の改修などの土木工事や、訴訟《そしょう》、年貢徴収《ねんぐちょうしゅう》と

▲現代の利根川中流部（埼玉県久喜市）

いったさまざまな業務を行なう。

関東郡代は、三河時代から家康を助け、土木工事や兵糧《ひょうろう》管理などで功績のあった伊奈忠次《いなただつぐ》が、江戸入府に際し、「関八州を己《おのれ》の物のごとく大切に致すべし」と家康がいって、直々に忠次が代官頭《だいかんがしら》に指名されたことに始まる。

伊奈忠次が1610年に死去すると、その後は、長男・忠政《ただまさ》、次男・忠治《ただはる》がその職を継ぐ。忠治の時に、関東代官を統括し、土木工事等に従事する関東郡代という職が固定化し、伊奈氏が代々世襲《せしゅう》していくことになる。

そして、利根川東遷事業が完結したのは、忠治の長男・忠克《ただかつ》の時代であった。現代の利根川の流れは、親子三世代4名の関東郡代の命のリレーによって築かれたものともいえるのである。

伊奈忠次

✿関東の民政をつかさどった男

関東郡代・伊奈氏は清和源氏《せいわげんじ》の末裔《まつえい》だという。その祖先が、信濃国伊奈《しなののくにいな》（長野県伊那市）に住していたことから伊奈氏を名乗った。そして、伊奈忠次の祖父の代に三河国に移住し、同国領主・松平広忠《まつだいらひろただ》に仕える。この松平広忠こそ、徳川家康の父であるから、家康と伊奈忠次とは先代、先々代からの主従関係にあったわけである。

忠次は、若い頃から戦での兵糧管理、土木事業、開墾《かいこん》等の仕事に当たり、家康からの信頼も厚かった。そんな彼が、一層その名を高めたのは、秀吉が天下統一を果たした小田原征伐《せいばつ》の時である。豊臣秀吉率いる大軍勢が北条氏を攻めようと上方《かみがた》から小田原へと進軍を続けていた際、先鋒《せんぽう》を務める徳川家康は、大井川や富士川などの大河を渡るために、伊奈忠次に臨時の橋をかけるよう命じる。そんなある日、暴風雨が起こって富士川が荒れ狂い、いかなるものの侵入をも拒《こば》み始める。折しも豊臣秀吉率いる本隊が富士川のすぐ手前まで迫っていた。この天候で富士川を渡るのは暴挙《ぼうきょ》に等しい。しかし秀吉は、進軍を止める気配もない。誰もかれも危険は承知していたが、秀吉の威光《いこう》を恐れ、諫言《かんげん》するものがいなかったのだ。

そんな時、秀吉の馬前に進み出てきた人物がいる。伊奈忠次である。陪臣《ばいしん》の身でありながら、関白《かんぱく》秀吉に対して直々《じきじき》に富士川の状況が危険であること、兵は疲れており、ここで渡河《とが》に失敗すれば敵方に利することになることなどを力説。忠次の説得に心を打たれた秀吉は3日間進軍を遅らせ、その結果、無事に富士川を渡ることができたという。後日、秀吉は家康に対し、「（伊奈忠次が）**我《わが》麾《き》下《か》に奉公《ほうこう》せば、万石以上取らせん**」と語ったともいわれている。

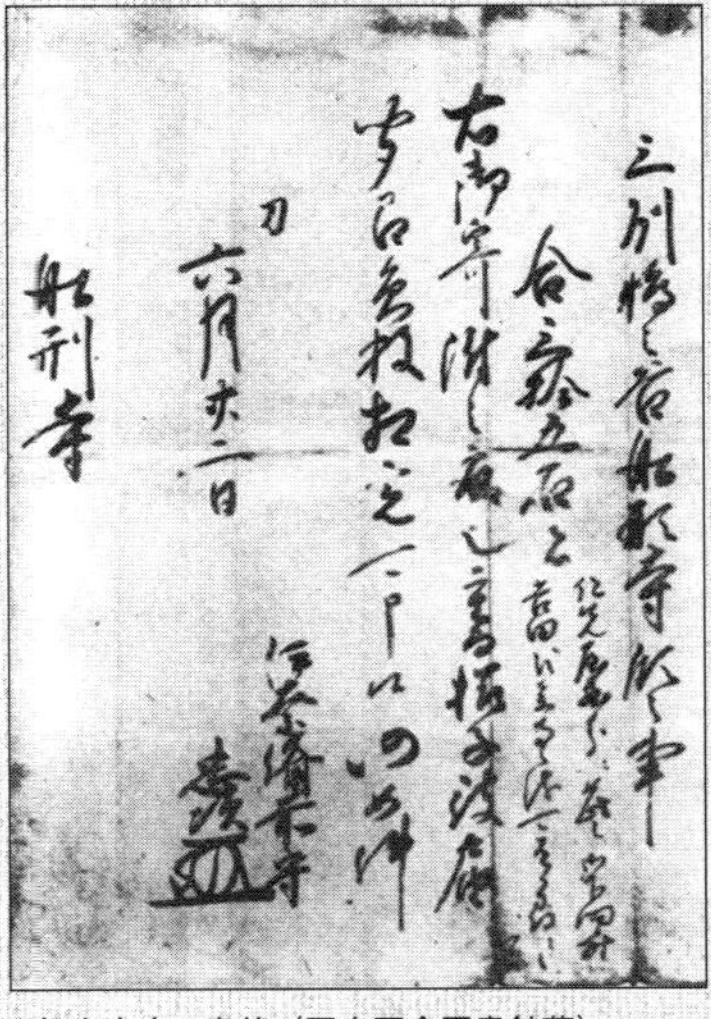

▲伊奈忠次の書状（国立国会図書館蔵）

小田原征伐が終了し、その直後、徳川家が江戸入府を果たすと、前述した通り、伊奈忠次は関東地方の代官頭（のちの関東郡代）となって大いに実力を発揮する。架橋《かきょう》、治水《ちすい》などの土木工事、検地《けんち》、徴税などの事業に携わったほか、関ケ原の戦いでの兵糧・武器輸送、江戸城普請など

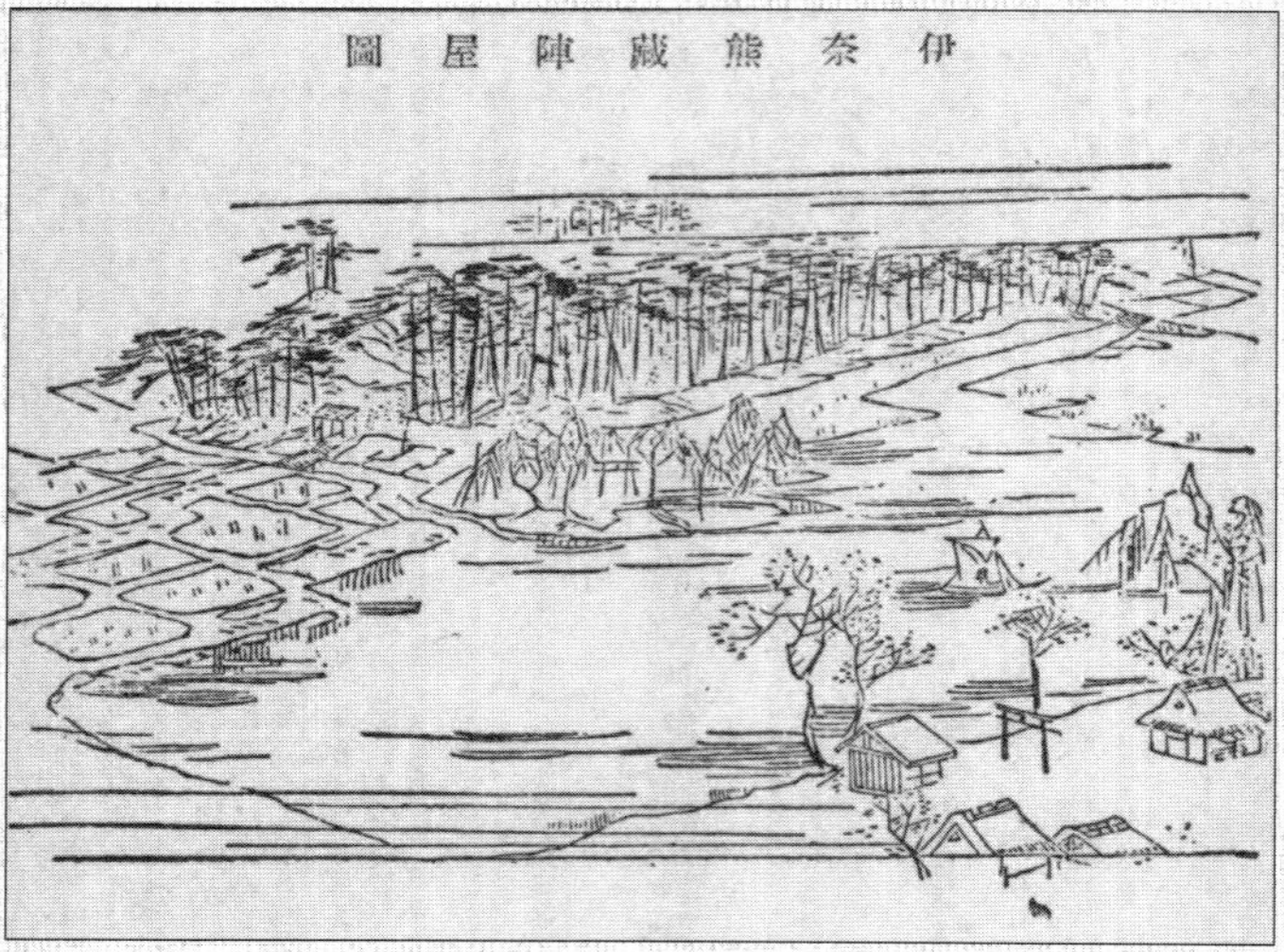

▲伊奈忠次が埼玉県北足立郡伊奈町に築いた陣屋〈昭和初期の書籍から〉（国立国会図書館蔵）

でも活躍した。彼が1599年備前守《びぜんのかみ》の叙任《じょにん》を受けたことから、各地には「備前堀」などという地名も生まれていく。

また、埼玉県にある伊奈町《いなまち》は忠次の名を冠した町である。

朱子《しゅし》学者の林鵞峯《がほう》は、「忠次は若い頃、貧しかったから、下層民の心がわかるのだ。また、彼はみだりに死刑を行なわなかったが、法を違《たが》える者があれば厳格に処分した。それゆえ、人民は彼に懐《なつ》き、また恐れた」という趣旨の言葉を残している。

三代将軍・徳川家光［1623〜1651年］が幕政を整備する

①祖父を愛した生まれながらの将軍

父母の愛をうけずに育った？

▲徳川家光の肖像画

三代将軍・徳川家光《いえみつ》は、「生まれながらの将軍」と呼ばれている。確かに彼は将軍（秀忠）と正室《せいしつ》（お江《ごう》）との間に生まれた最初の男子であり、彼が生まれる前年に、祖父・家康が徳川幕府を開いている。まさに生まれながらに将軍になる運命を背負っていたといってもよいように思える。

しかし実際には、**彼の将軍就任は、すんなりと決まったわけではなかった**のだ。

家光、幼名竹千代《たけちよ》は、誕生後すぐにお福《ふく》という乳母《めのと》に預けられ、そのもとで育っていった。内向的《ないこうてき》な性格だったという。一方で2年後に生まれた弟の国松《くにまつ》は利発《りはつ》な性格で、母であるお江は国松ばかり可愛がったといわれている。そうなると、年上の女房の尻に敷かれがちな秀忠も国松を目にかけるようになる。家臣もこぞって次の将軍には国松がなるのでは？と噂を始めたという。

▲家光の乳母・お福（のちの春日局）

当時はまだ長男が家督相続《かとくそうぞく》するとは必ずしも決まっていなかった。なにしろ、父である秀忠自体が三男であったことは前述した通りである。となると、竹千代ではなく、父母の愛を十分にうけた弟の国松が将軍になる可能性が十分あったわけである。

それに危機感を覚えたのが、竹千代の乳母・お福であった。そこでお福は伊勢参りと称してこっそり江戸城を出て、伊勢神宮ではなく駿府の大御所・家康のもとへと向かった。なんとか竹千代を次期将軍にしてほしいと直訴《じきそ》したのである。

結果的に、この直訴は成功。家康の威光により竹千代の次期将軍就任が決められたのだ。決死の行動力で、竹千代の将軍就任を確かなものにしたこのお福こそ、のちの春日局《かすがのつぼね》である。

このような経緯があったためか、竹千代＝家光は、父・秀忠よりも祖父・家康を敬愛するところがあった。

また、父母に愛されなかった複雑な思いは弟の国松のほうへも向かっていく。成長した国松は忠長《ただなが》と名乗り、駿河・遠江55万石を領していたのだが、家光は父・秀忠の死の翌年、忠長を自害に追い込んでいるのである。もっとも忠長は、それ以前に奇行が目立つとして秀忠により蟄居《ちっきょ》処分に遭っていたので、必ずしも怨恨《えんこん》だけが理由とは限らないのであるが……。

幕政の整備・拡充に努めた三代将軍

紆余曲折《うよきょくせつ》の末に将軍となった家光の治世の始めは、父・秀忠が大御所として君臨《くんりん》していたのだが、やがて秀忠が亡くなると、自ら政治の舵《かじ》をとるようになる。

土井利勝《どいとしかつ》、酒井忠世《さかいただよ》、松平信綱《のぶつな》、堀田正盛《ほったまさもり》らの重臣に支えられつつ、**幕政の整備・拡充**に努めていった。

有名なところでは、武家諸法度《ぶけしょはっと》の改定による参勤交代の制度化、キリシタンの取り締ま

◎徳川家光　略年表（※年齢は満年齢）

西暦（年）	年齢	主な出来事
1604	0	誕生。お福（春日局）が乳母に
1606	2	弟・国松（忠長）誕生
1615	11	お福が家康に直訴
1617	13	西の丸に入り、正式に継嗣となる
1623	19	三代将軍に就任
1632	28	秀忠没
1633	29	忠長自刃
1634	30	日光東照宮の大改築始まる
1635	31	武家諸法度で参勤交代を制度化
1636	32	銭座で寛永通宝鋳造
1637	33	島原の乱（島原天草一揆）起こる
1639	35	本丸消失
1641	37	オランダ人を出島に移す
1643	39	田畑永代売買の禁令
1651	47	逝去

り強化、海外との渡航・貿易の統制強化（鎖国《さこく》制度の完成）、幕政機構の整備などである。

この間、1637年には、島原の乱（島原天草《あまくさ》一揆《いっき》）という大きな騒乱《そうらん》が起こっているが、以降は幕府の体制も確立し、「寛永《かんえい》の繁栄」などと呼ばれる比較的安定した時代が訪れる。

そして、この家光の治世下において、天下普請による江戸の町づくりもほぼ終わりを迎える。

徳川家康の江戸入府から半世紀ほどの時を経て、江戸の町がほぼ完成したわけである。

②家光は、なぜ天守をつくり替えたのか？

第四次、第五次天下普請

家光の代になってからは、２度にわたり天下普請が行なわれている。

第四次天下普請は、１６２８年から１６３０年まで行なわれた。とはいえ、この時期はまだ大御所として秀忠が大権を握っていた時期である。工事の内容は左図の通りで、外濠《そとぼり》にも城門や石垣が築かれたのが特徴である。外濠も含め、江戸城のますますの充実が図られていったわけである。

この第四次天下普請が終わった2年後、大御所・秀忠が死去する。そこから真の意味での**「生まれながらの将軍」家光の時代が始まっていく**。家光の治世の当初は、土井利勝、酒井忠世ら秀忠の代からの側近の補佐を受けていたのだが、やがて彼らを徐々に排除し、松平信綱、堀田正盛ら「六人衆」と呼ばれる新たな側近たちを中心に幕政を回していく体制をとった。そして、これら有能な側近たちに支えられながら、前述したように武家諸法度の改定、禁教、鎖国制度などを確立していったのだ。

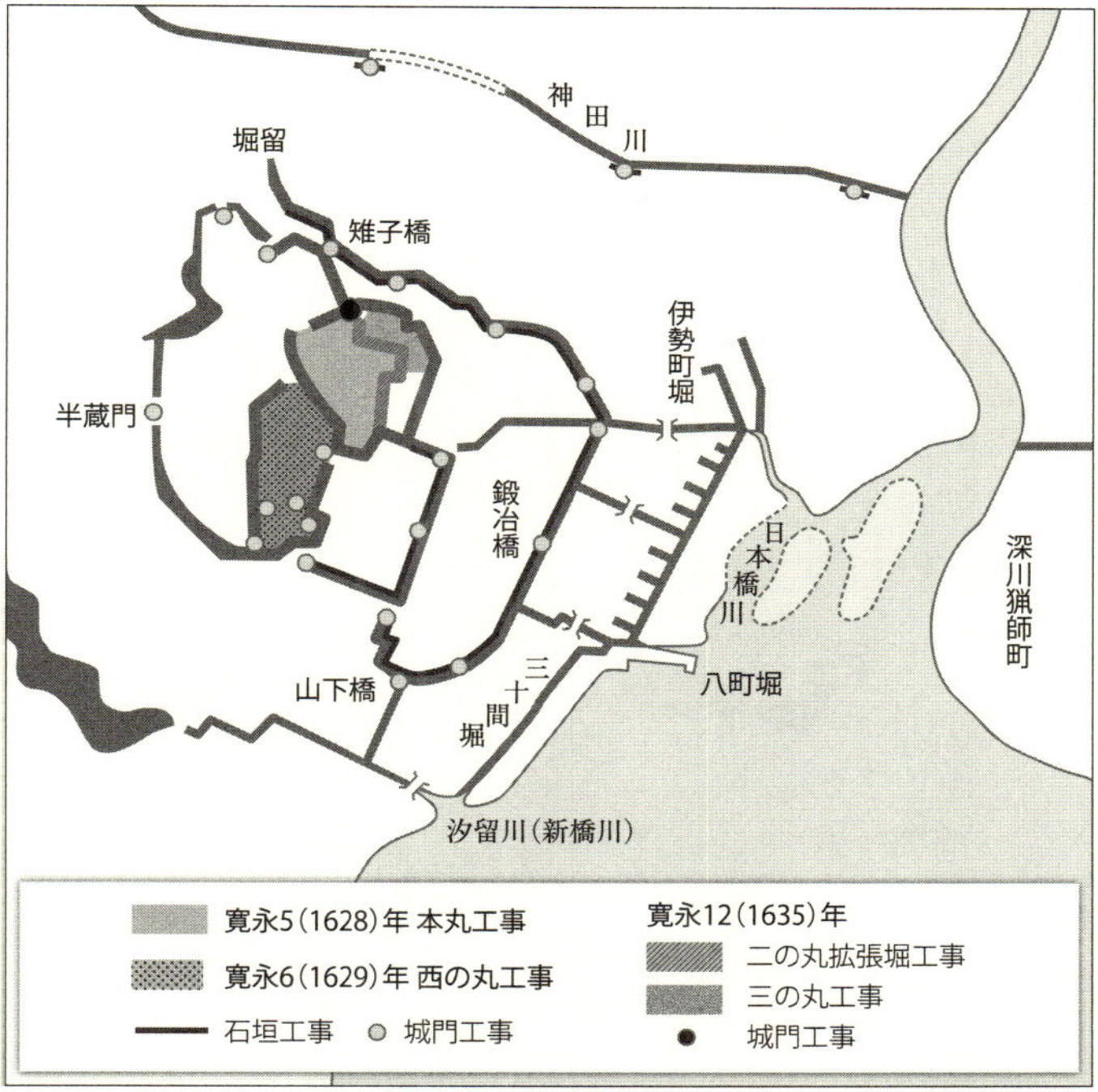

▲第四次天下普請の行なわれた1628〜35年頃の様子（『スーパービジュアル版江戸・東京の地理と地名』〈鈴木理生著・日本実業出版社〉の図を参照し、一部内容を省略して作成しました）

改革の半ばである1836年より第五次天下普請が行なわれた。これはかなり大規模な普請であり、次ページの図を見ていただくと明らかなな通り、城の左側、現在JR中央・総武線の飯田橋、市谷、四谷などの地域を通る外濠の開削などが行なわれている。

また、城をぐるりと取り囲むように城門もつくられていった。

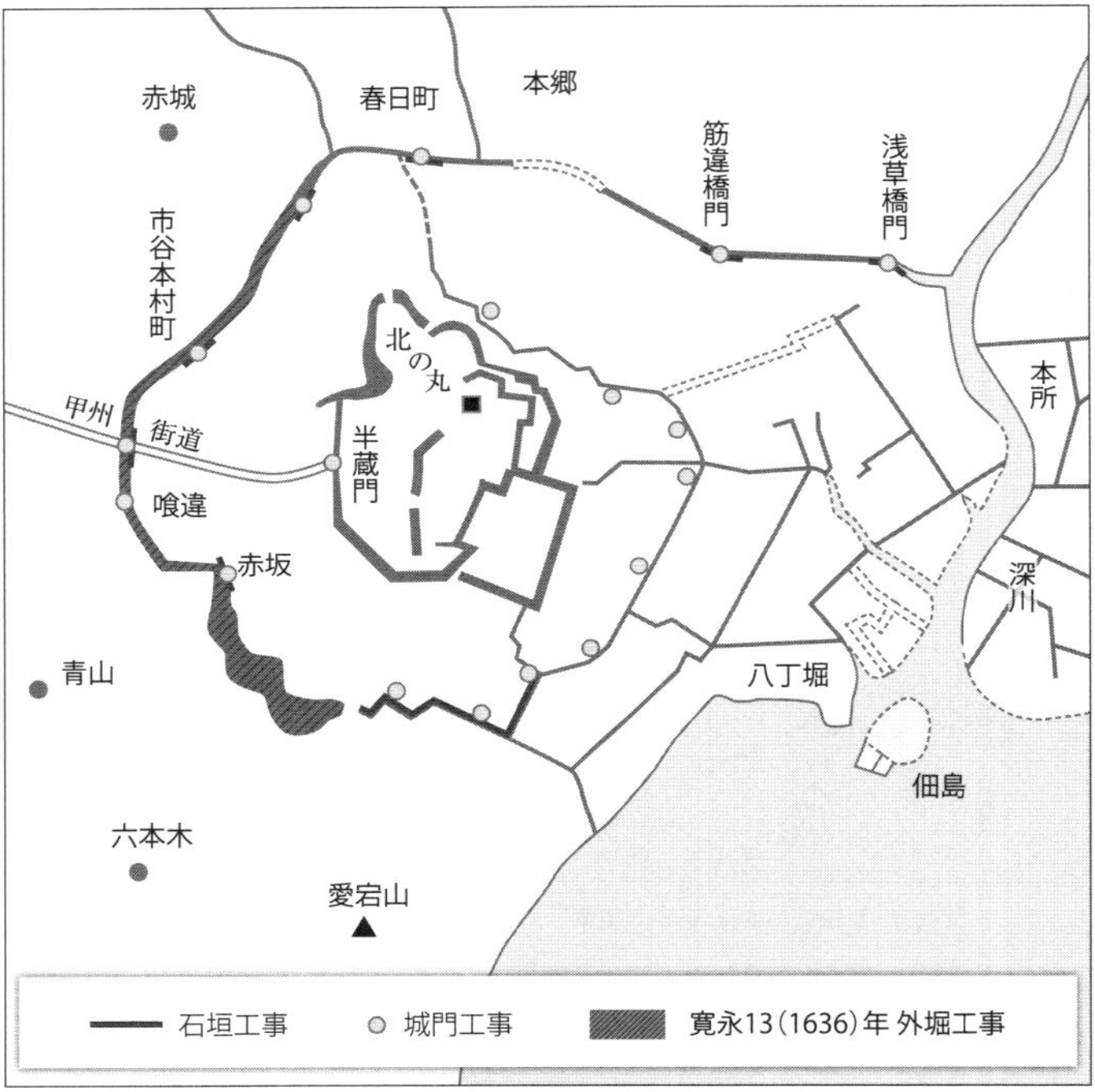

▲第五次天下普請の行なわれた1636年頃の様子（『スーパービジュアル版江戸・東京の地理と地名』〈鈴木理生著・日本実業出版社〉の図を参照し、一部内容を省略して作成しました）

またも天守はつくり直された！

外濠工事ののち、本丸御殿の建設が行なわれ、この時、家光は天守もつくり替えている。秀忠がつくった元和《げんな》天守の竣工からわずかに十数年。なぜ家光は、再度天守をつくり直したのであろうか。第一に考えられるのは、幼少時、自分の将軍就任に積極的でなかった父の威光を捨て去り、**家光ならではの独自性を示**

したかったからではないだろうか。振り返ってみるに、家光の行動の多くは、父・秀忠に対する反発と自身の独自性の追求、そして自分の将軍就任を後押ししてくれた祖父・家康への恩返しという側面が強い。父の代からの側近を徐々に排除したのも、弟・忠長を自害に追い込んだのも、のちに述べる日光東照宮の大改築も、この天守のつくり替えも、その一環といえるのではないだろうか。

▲『江戸図屛風』に描かれた家光の寛永天守

もっとも家光のつくった寛永《かんえい》天守は、秀忠の元和天守と同じ場所に、元和天守を解体し、資材を流用してつくったものといわれている。５層５階地下１階の天守は現在の20階建てビルの高さに相当するほどの威容《いよう》を誇っていた。この天守の独自性は、外壁が白漆喰《しろしっくい》ではなく、銅板が使用された**黒い天守だったこと**であろう。

1639年、本丸は完成し、家光が明日にも居を移そうとした晩、放火とみられる不審《ふしん》火《び》から、ものの見事に本丸御殿は焼失。あわてて再建工事が始まるというハプニングがあったが、そこからの再建工事は速やかに行なわれ、翌1640年4月に再び本丸御殿は完成する。こうして、第一次から五次にわたる天下普請により、江戸の町と江戸城はほぼ完成する。最後の大乱ともいえる島原の乱（島原天草一揆）も2年前に終息しており、真の意味での泰平の世を迎えることとなったのである。

3 寛永寺の建立と寺社の発展

幕府の菩提所・寛永寺

1625年、江戸・上野《うえの》の地に、天台宗《てんだいしゅう》・関東総本山《そうほんざん》となる東叡山寛永寺《とうえいざんかんえいじ》が創建された。これは、比叡山延暦寺《ひえいざんえんりゃくじ》が京都の鬼門《きもん》である北東の地に建てられていることにならい、江戸の町を守護する意味合いで、**江戸の鬼門（北東）の地に建立されたの**だという。東叡山と

▲江戸後期の寛永寺の様子。広い境内のあちこちに桜が植えられている（国立国会図書館蔵）

いう山号《さんごう》も「関東の叡山」という意味でつけられている。開山したのは、家康の側近としても知られる南光坊天海《なんこうぼうてんかい》である。

この寛永寺は徳川家の菩提寺《ぼだいじ》ともなっており、その広大な敷地のほとんどが、現在は上野公園となっている。

寛永寺に代表されるような有名な寺社が江戸の町にはたくさんあった。それでは、ここで江戸の町を彩った寺社の一部を紹介していこう。

次ページに掲載したのは、『御府内備考続篇』という史料に記載された宗派《しゅうは》別の寺院数である。これを見ると、江戸の町には浄土宗《じょうどしゅう》の寺院が多いことがわかる。これは徳川家の出身地である三河に浄土宗寺院が多かったことに起因《きいん》する。浄土宗の寺として有名なのは、増上寺《ぞうじょうじ》である。この増上寺は、元は真言宗の光明寺《しんごんしゅうこうみょうじ》という寺であったが、1393年に改宗して増上寺と改名。家康の江戸

◎江戸の寺院数

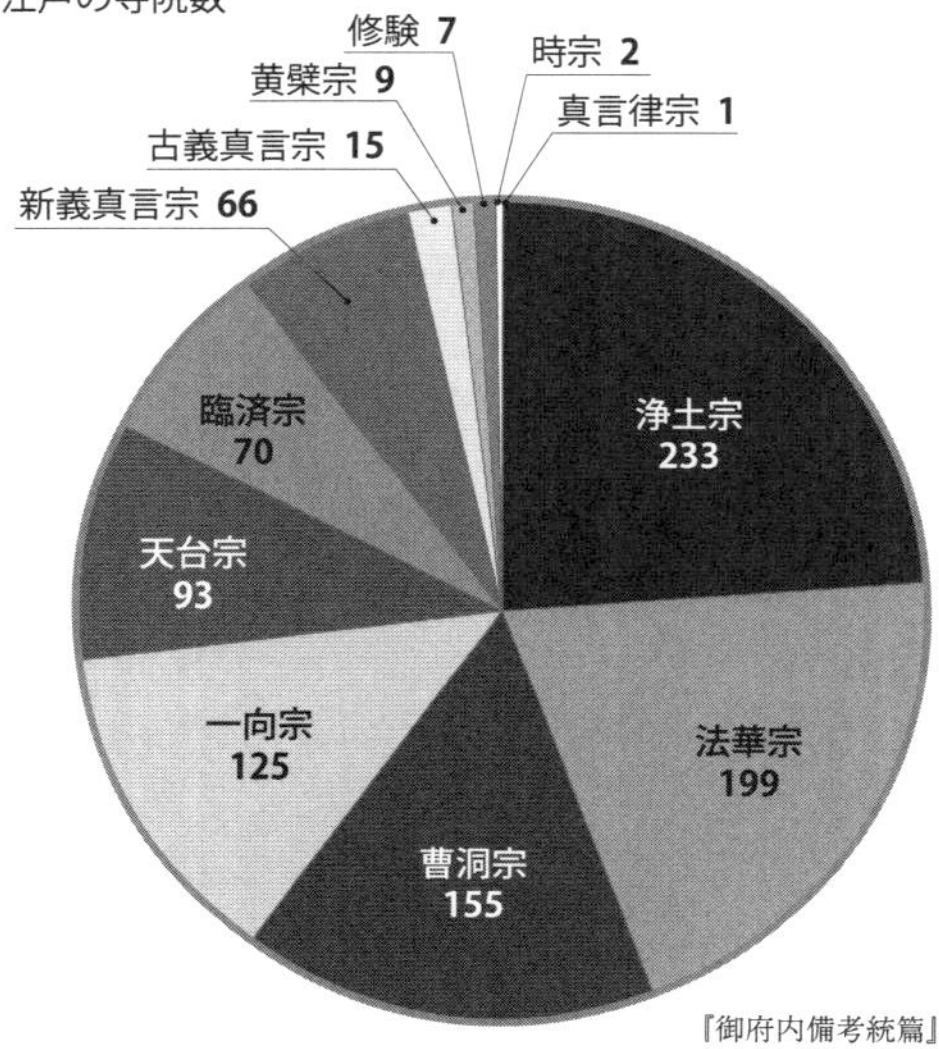

『御府内備考続篇』より

入府の200年ほど前から存在した古刹《こさつ》であった。

歴代の将軍は、このどちらかに葬《ほうむ》られる場合がほとんどで、寛永寺には四代家綱《いえつな》、五代綱吉《つなよし》、八代吉宗《よしむね》、十代家治《いえはる》、十一代家斉《いえなり》、十三代家定《いえさだ》の6人が、増上寺には二代秀忠、六代家宣《いえのぶ》、七代家継《いえつぐ》、九代家重《いえしげ》、十二代家慶《いえよし》、十四代家茂《いえもち》の6人が眠っている。例外は日光東照宮に祀《まつ》られた初代家康と、本人の希望により家康の廟《びょう》に近い日光輪王寺《りんのうじ》に葬られた三代家光、そして、明治になってから谷中《やなか》に葬られた十五代慶喜《よしのぶ》の3人である。

その他、古代より江戸の町を守ってきた浅草寺は徳川家の祈祷《きとう》所となり、寺領500石が与えられてもいる。

▲さまざまな衣装を着た人や派手な山車が連なる神田明神の天下祭（国立国会図書館蔵）

江戸っ子を沸かせた天下祭

お寺だけでなく、神社もまた、江戸の町には多く存在している。それぞれが江戸の人々の信仰の場であり、時には祭礼等でにぎわう場になった。

特に有名なのは、山王社《さんのうしゃ》（日枝《ひえ》神社）と神田明神《かんだみょうじん》ではないだろうか。ともに派手な山車《だし》を繰り出す祭礼行列が有名で、山王社の山王祭と神田明神の神田祭は特別に行列が江戸城内に入ることが許可され、将軍も上覧《じょうらん》したという。そこから、この二つの祭りは**「天下祭《てんかまつり》」**と呼ばれるようになった。当初は、毎年開かれていたが、祭りのたびに有り金《あがね》を使い果たす氏子《うじこ》も多かったこともあり、のちに1年ごとに交代で行なうことになったという。

もちろん、江戸っ子を熱くした祭りは、それだけではなく、富岡八幡宮《とみおかはちまんぐう》の深川《ふかがわ》祭り、浅草の三社祭《さんじゃまつり》や酉《とり》の市《いち》、芝神明宮《しばしんめいぐう》の生姜《しょうが》祭り（だらだら祭り）など、枚挙《まいきょ》に暇《いとま》がないほどである。

④ 日光東照宮の大改修

家光が東照宮改修に踏み切った理由とは

父・秀忠が亡くなり、権力を握ってから2年後の１６３４年、家光は、**日光東照宮大改修の号令を下した。**現在、世界遺産ともなり、世界中から観光客を集める壮麗《そうれい》な建物群は、

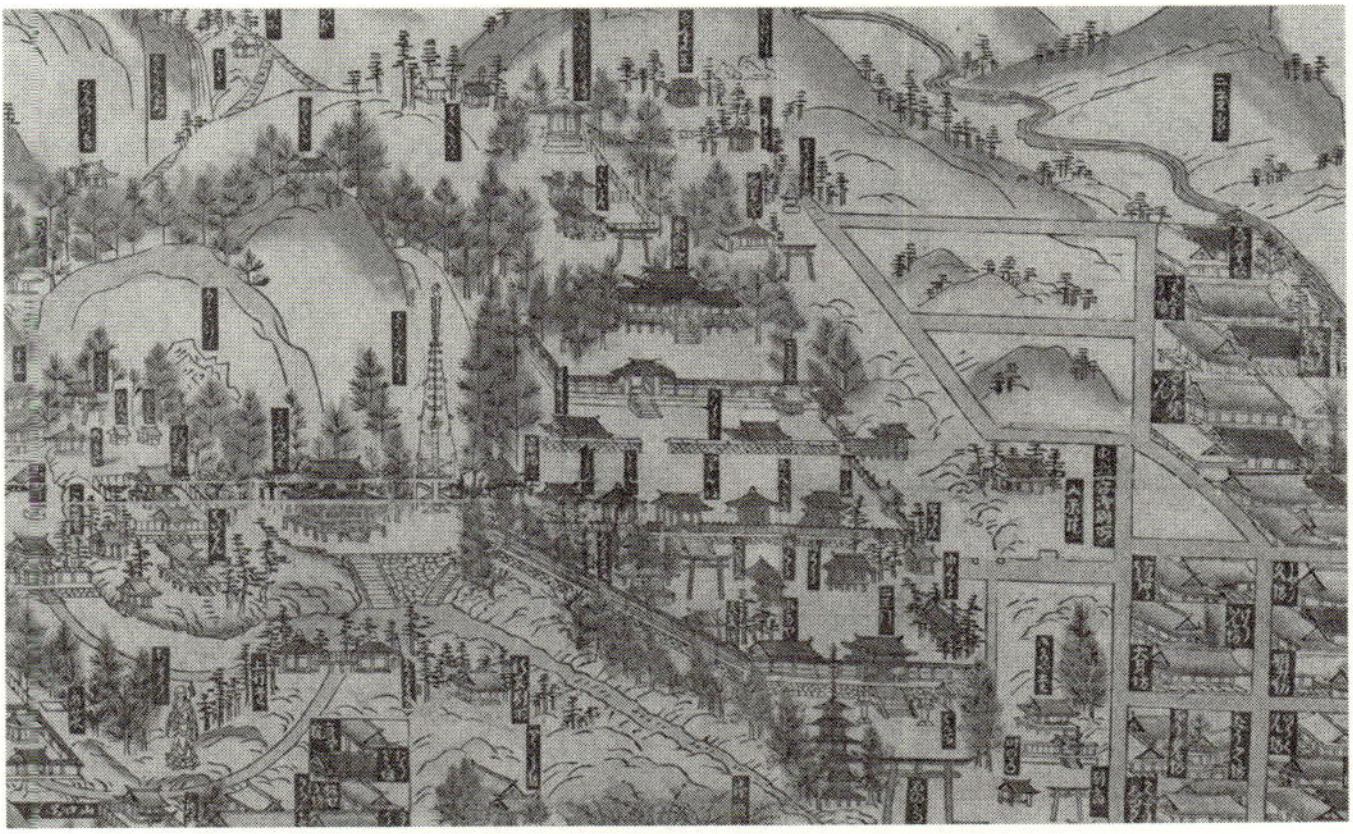

▲1653年のものと伝わる日光山の絵図［写本・部分］（国立国会図書館蔵）

ほとんどがこの時に創建されたもの（再建・修築はたびたび行なわれている）であるから、この時の工事がいかに大規模で手の込んだものであったかは想像に難くない。なぜ、家光は大規模な造営に踏み切ったのだろうか。

その理由もやはり、江戸幕府を開き、自分を将軍職に就けてくれた祖父・家康に、家光が心酔《しんすい》していたことが挙げられる。あるいは、幼少の頃、自分の将軍就任に乗り気でなかった父・秀忠に対する反発から、父のつくったものを破却したいという気持ちもあったのかもしれない。

なにしろ、家光の家康に対するリスペクトの仕方は筋金入《すじがねい》りで、「二世権現《ごんげん》、二代将軍」などと書いたものを大事にお守り袋に入れていたというエピソードはよく知られている。「権現」と

▲日光社参の様子が描かれた浮世絵（国立国会図書館蔵）

は家康のことで、自身が家康の後継者であることを示していると考えられる。それにしても、「二代将軍」などといわれてしまっては、本来の二代将軍・秀忠は形無しである。また、家光は、誰かと話をしていて家康の話題になると袴《はかま》を着け、端座《たんざ》してその話を聞いたというし、家康の夢を見るたびに狩野探幽《かのうたんゆう》ら一流の絵師にその姿を描かせた。その絵は今も残っている。さらに、歴代の将軍が日光に参詣《さんけい》したことは、江戸時代を通じて16回あったのだが、そのうちなんと9回が家光なのである。そんな家光だから、自分が真の権力者の地位に就いた時、家康のために贅《ぜい》を尽くした霊廟《れいびょう》を建築したいと考えたのも当然だろう。

なお、家光がこの時期の改修を選んだのには、理由があるようだ。伊勢神宮が20年ごとに造替されることにならって、家康が死去し、最初の東照宮の造営が始

▲日光東照宮・陽明門の図面（国立国会図書館蔵）

まった1616年から20年目に当たる1636年に完成させたのだともいわれている。

大規模だった東照宮改修

家光による日光東照宮の造営費用は、金56万8000両、銀100貫、米1000石がかけられたという。動員された大工が168万6040人、金箔《きんぱく》押《お》しの作業員が2万9753人、その他合計して**工事に当たった職人・人夫は454万1230人を数えている**。買い入れた材木が14万8076本で、金箔は248万5500枚。仮に金箔を一枚ずつ縦に並べたとすると、日光から江戸を経由して富士の麓《ふもと》、家康の臨終の地である駿府まで到達するといわれている。

こうして、日光東照宮の大改修は、東照大権現徳川家康と江戸幕府の権威を大いに高める結果となった。

しかし、造営にかかった膨大《ぼうだい》な費用は、すべて幕府の資金から拠出《きょしゅつ》されており、以降の財政窮乏の一因になった。

5 幕府の職制と江戸城

整備されてきた幕府の職制

家光の頃に整備された幕府の職制と、天下普請が終了した江戸城の様子について概観《がいかん》していこう。

職制は時期によっても違いがあり、実際にはもっと細かく分かれているのだが、主なものだけ抜粋したのが左の図である。

将軍の下の最高位に当たるのが**大老**《たいろう》である。ただし、常置ではなく、臨時の職で、幕末の井伊直弼《いいなおすけ》などが有名である。通常の幕閣《ばっかく》の最高位が**老中**《ろうじゅう》である。譜代《ふだい》大名5～6名で構成される。そのうち筆頭の地位を占める老中首座《しゅざ》は、現在でいえば総理大臣のようなもの

◎江戸幕府の職制（抜粋）

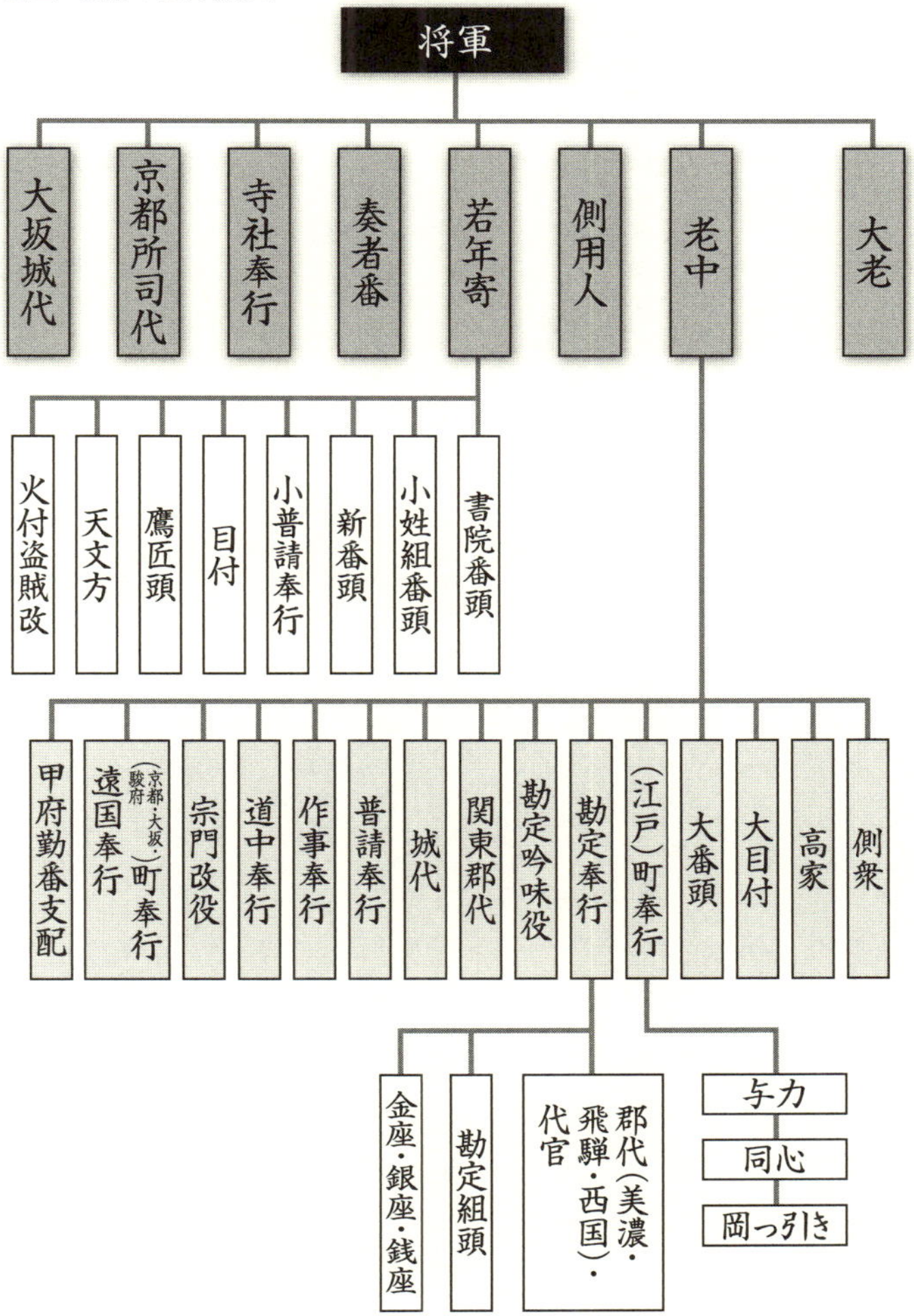

※ [灰色の枠] は1万石以上の譜代大名の役

である。他の老中は副総理や外相といったところであろう。

これとは別に、将軍の側近として力を発揮するのが**側用人**《そばようにん》である。将軍と老中の間を取り持つことから、時に老中以上の力を持つ場合がある。五代将軍・綱吉の時の柳沢吉保《やなぎさわよしやす》、六代将軍・家宣《いえのぶ》と七代将軍・家継《いえつぐ》に仕えた間部詮房《まなべあきふさ》、十代将軍・家治《いえはる》のもとで側用人から力をつけた田沼意次《おきつぐ》などが有名である。

老中の下にある重職としては、老中を補佐する**若年寄**《わかどしより》、儀礼を執行する奏者番《そうじゃばん》、寺社の管理統制を担当する寺社奉行《ぶぎょう》、朝廷や西国大名の監察《かんさつ》等を行なう京都所司代《しょしだい》、大坂城の守護と西国大名の監察を行なう大坂城代《おおさかじょうだい》などがあり、一万石以上の譜代大名が職を担った。

若年寄の配下には、儀式の際の将軍への給仕や江戸城警備に当たる書院番頭《しょいんばんがしら》、将軍外出時の警備などを担う新番頭《しんばんがしら》、普請を監督する小普請奉行《こぶしんぶぎょう》、旗本《はたもと》・御家人《ごけにん》を観察する目付《めつけ》などのほか、鷹狩《たかがり》をつかさどる鷹匠頭《たかじょうがしら》、冲方丁《うぶかたとう》氏の小説『天地明察《てんちめいさつ》』でも話題になった天文・暦・測量などを担う天文方《てんもんがた》、『鬼平犯科帳《おにへいはんかちょう》』の長谷川平蔵《はせがわへいぞう》で有名な火付盗賊改《ひつけとうぞくあらため》などがある。

老中の下には、多種多様な職があり、さらにその下まで含めると結構な数になるので、ここではごく重要なものや時代劇などでもおなじみの職制に絞って説明していこう。**高家**《こうけ》とは幕府内の儀式や典礼《てんれい》を仕切る役割で、忠臣蔵《ちゅうしんぐら》の吉良上野介《きらこうずけのすけ》がその地位にあったことが有名である。大番頭《おおばんがしら》とは将軍直轄《ちょっかつ》軍の長である。井伊直政《なおまさ》の次男・直孝《なおたか》らも大番頭を務めていた。江戸の町の行政、警察、裁判などを担うのが（江戸）**町奉行**《まちぶぎょう》。『大岡越前』こと大岡忠相《おおおかただすけ》、『遠山《とおやま》の金さん』こと遠山景元《かげもと》（金四郎）などが有名である。時代劇では、もっぱら裁判官として活躍している印象があるが、実際には東京都知事のような行政の担当者でもある。その配下に与力《よりき》、同心《どうしん》がいる。その下の岡《おか》っ引《ぴ》き（目明《めあか》し）は、主に軽犯罪者を手先として犯人逮捕に当たらせたものである。また、税の徴収《ちょうしゅう》や訴訟《そしょう》をつかさどる勘定《かんじょう》奉行、財政等の監査役である勘定吟味役《かんじょうぎんみやく》、江戸城などの施設の土木、建設を担当する普請《ふしん》奉行、作事《さくじ》奉行などが重責を担っていた。

地方の担当としては長崎、日光、堺など重要な直轄地に配された**遠国奉行**《おんごくぶぎょう》がいる。大岡忠相は遠国奉行の一つである伊勢の山田《やまだ》奉行などを経て江戸町奉行に抜擢《ばってき》されている。また、京都、大坂、駿府にも町奉行が配されている。この大坂町奉行のもとで働いていた与力・大塩平八郎《おおしおへいはちろう》が反乱を起こしたことは特に有名である。

以上が主な職制だが、その下部組織などを数えると大変な数の職制がある。身分・家柄によって、なれる役職となれない役職があるほか、関東郡代を伊奈家が世襲してきたように、世襲と決められた職も少なくない。また、将軍家の駕籠《かご》を担ぐ駕籠之者《かごのもの》などは身長制限が定められている。

江戸城本丸の概要

上の図を見ていただければわかる通り、江戸城というのは、さまざまな建物から構成されている。江戸城の全体像は、100ページで家康時代の江戸城の概要を示しているので、ここでは江戸城の中心である本丸の施設について説明しておこう。

江戸城本丸御殿は三つの部分に大別される。玄関から一番近いところが、「**表**《おもて》」である。公的な儀式や行事の場であり、いわば政治の舞台だ。真ん中にあるのが「**中奥**《ちゅうおく》」で、将軍の住まいである。ただし、一部の場所は政務に使われることもある。現在でいえば首相官邸《しゅしょうかんてい》のようなものだろう。もっとも奥に位置するのが「**大奥**《おおおく》」で、将軍の正室《せいしつ》（御台所《みだいどころ》）、側室、

▲『江戸図屏風』に描かれた江戸城本丸の様子

生母やそれに仕えるたくさんの奥女中が暮らす場である。本丸の半分以上を占めるほどの広い空間で、多くが男人禁制《だんにんきんせい》の場所だが、中奥に近い御広敷《おひろしき》という区画には男性の役人も勤務している。大きな敷地を占めているのが長局《ながつぼね》といわれる施設で、奥女中たちが住み込

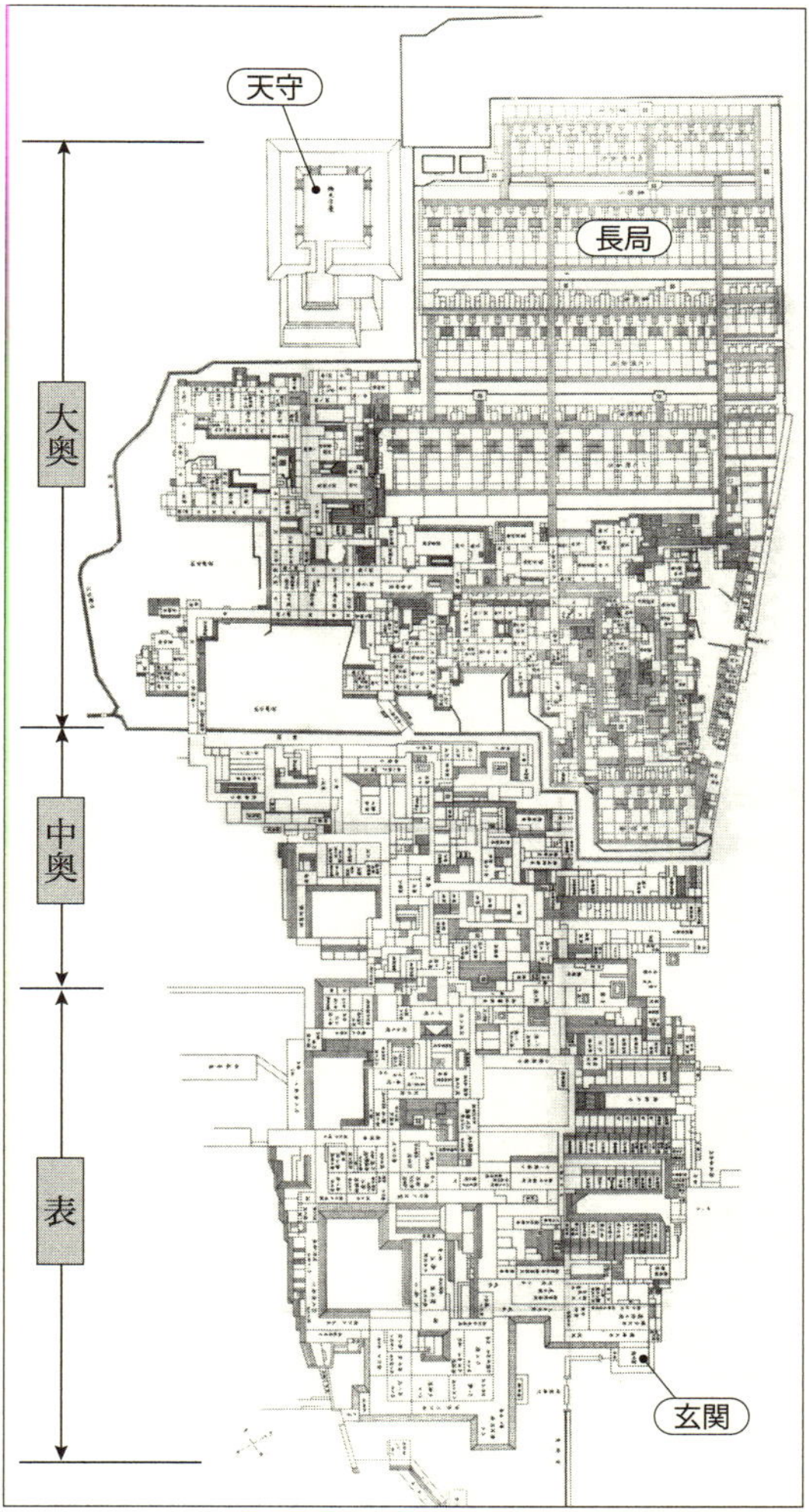

▲表・中奥・大奥に大別される江戸城本丸（「国史大辞典」に掲載されている本丸と大奥の画像を合わせて、解説を加えました）

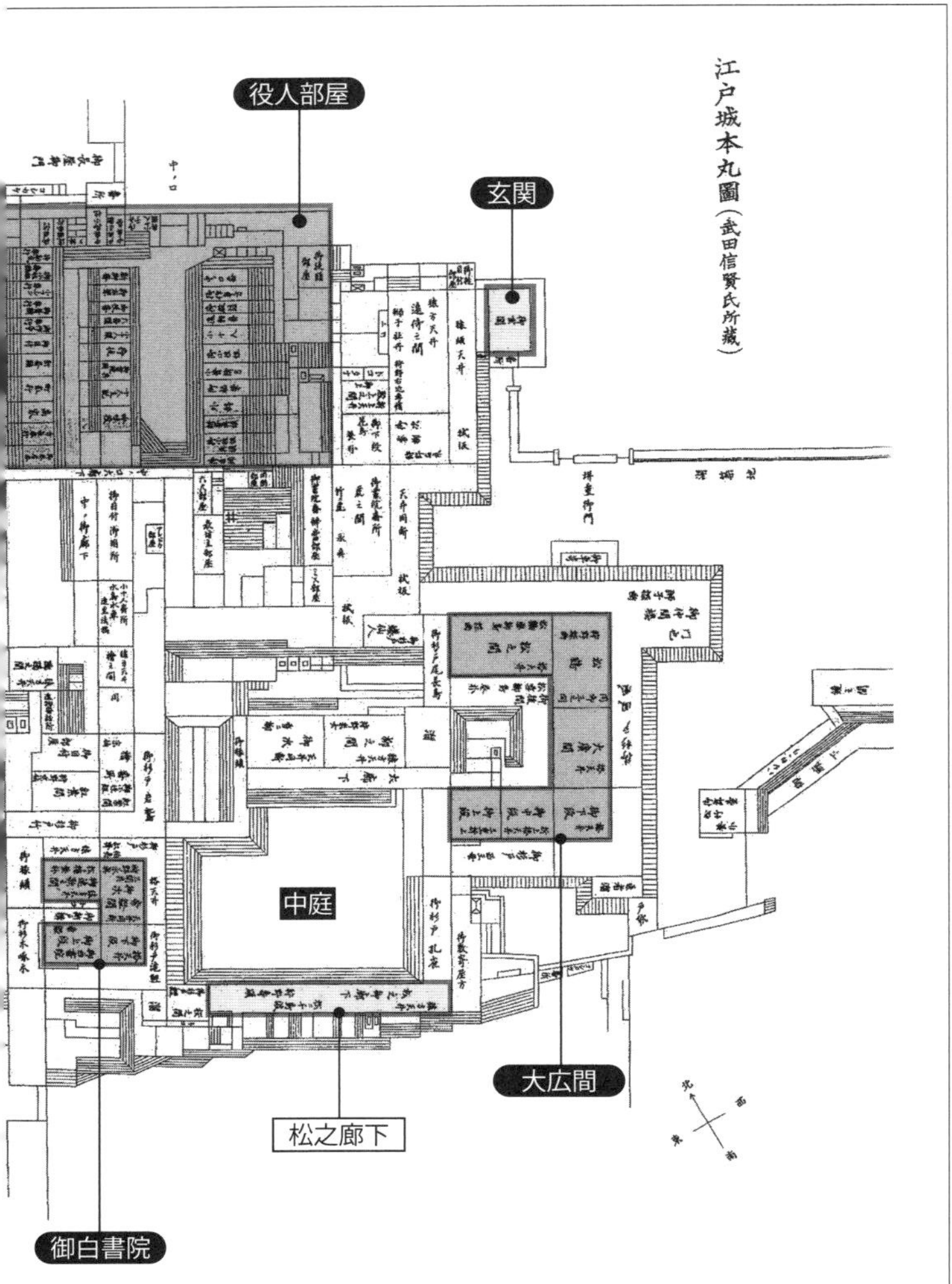

（出典）国史大辞典

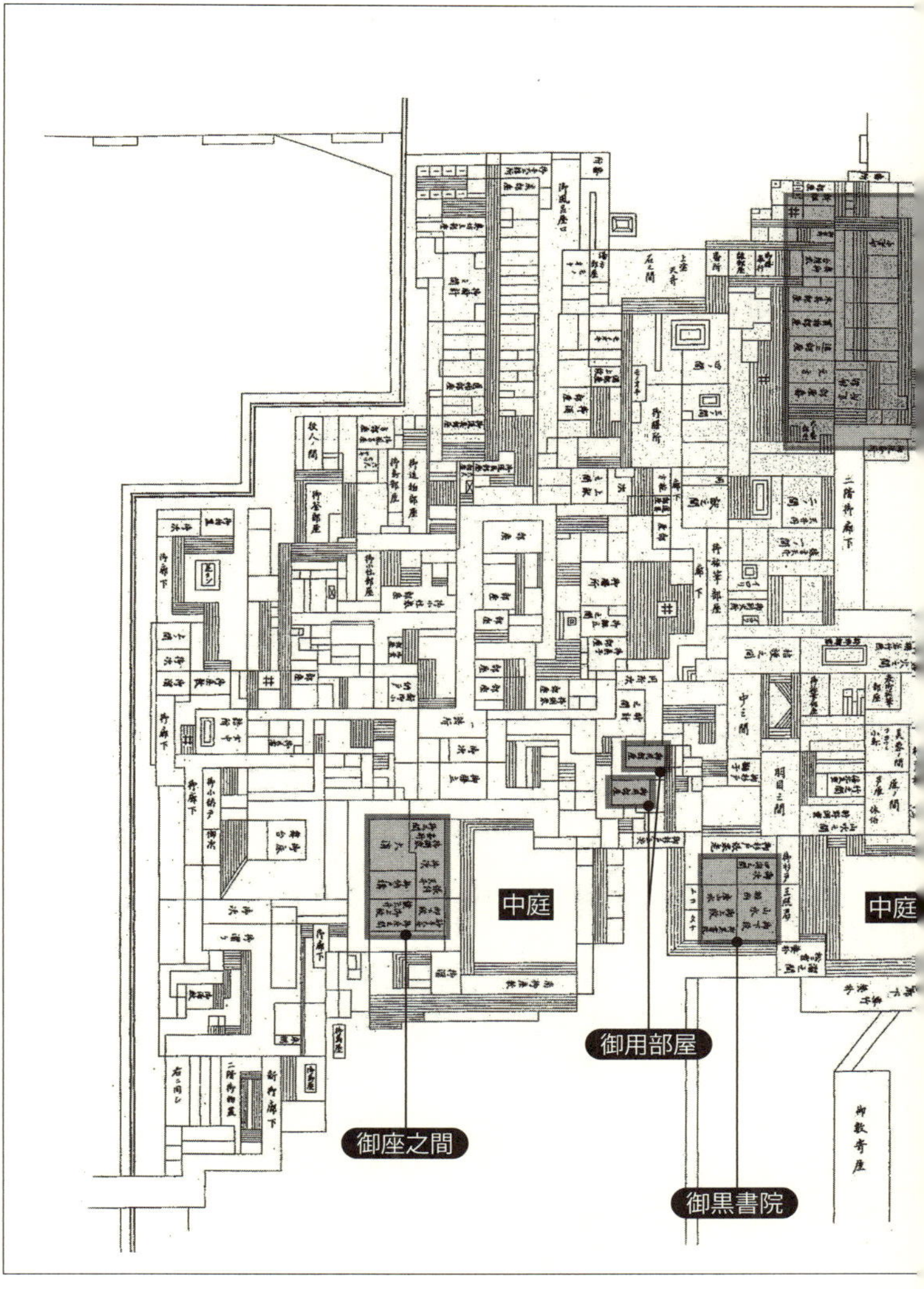
中庭
中庭
御用部屋
御座之間
御黒書院

みで暮らす共同宿舎である。

本丸・表と中奥

さらに江戸城本丸御殿の表と中奥を詳しくみてみよう。前ページの図を参照していただきたい。

図の右側、大きなスペースを占めているのが「**大広間**《おおひろま》」。将軍宣下《せんげ》、謁見《えっけん》、武家諸法度の発布など幕府の公式行事が行なわれる場所だ。文字通り、表でもっとも広い建物となっている。俗に「千畳敷《せんじょうじき》」などとも呼ばれるが、実際には５００畳程度である。

大広間に次いで格式があり、儀式等に使われたのが「白書院」、その他「黒書院」という広間もあった。行事や儀式はこうした部屋で行なわれる。ちなみに、大広間から中庭の脇を通って、白書院のほうへ向かう廊下が「**松之廊下**《まつのろうか》」。忠臣蔵《ちゅうしんぐら》のきっかけとなった浅野内匠頭《たくみのかみ》が吉良《きら》上野介《こうずけのすけ》に斬りかかった場所として有名である。襖《ふすま》に松の絵柄が描かれていたので、この名がある。

表の中でも中奥に近い位置にあるのが「御用《ごよう》部屋」や「詰所《つめしょ》」と呼ばれる執務室。御用部屋とは、老中や若年寄が仕事をする部屋であり、その他の役人が使用するのが詰所であ

▲将軍宣下も行なわれた江戸城大広間（国立国会図書館蔵）

る。御用部屋の周りには右筆《ゆうひつ》などが控えており、さまざまな文書が作成されていた。

１４８ページの図の上部に大きなスペースをとっているのが、役人たちの部屋。老中、若年寄をはじめ、高家、町奉行、目付などの役職が記されている。重職者たちが時を過ごす個室のようなものである。

御用部屋より左側はおおむね中奥である。前述したように将軍の私的空間であるが、執務にも使われる。図に示した「御座之間《ござのま》」がそれにあたる部屋で、老中たちとの謁見《えっけん》などに使われた。総理大臣が首相官邸で秘書官などと面談する場所といったところだろう。

伝説に彩られた黒衣の宰相

東叡山寛永寺《とうえいざんかんえいじ》を建立した南光坊天海《なんこうぼうてんかい》は、謎の多い僧である。

出身は、陸奥《むつ》国会津高田（福島県会津美里町《あいづみさとまち》）だとされ、やがて比叡山で天台宗の教義を学んだのち三井寺や興福寺等で修行を重ね、一時、武田信玄のもとに身を寄せていたこともあるという。その後、徳川家康と出会い、厚い信任を受け、秀忠、家光もまた彼に帰依《きえ》したという。

諸説あるのは生年で、1536年生まれという説が近年は有力となっているが、そうなると、彼が死去した1643年には満107歳ということになる。当時としては、とてつもないほどの長寿だといってよいだろう。

天海には、いくつかの伝説があり、本能寺の変で信長を倒した明智光秀が姿を変えたものだという驚きの説もあるくらいである。また、天海は、**江戸の地を本拠地とするよう家康に進言した**ともいわれている。それはここが東に川（江戸川）、西に道（東海道）、南に池か海（江戸湾）、北に山（富士山）という地理条件に恵まれた四神相応《しじんそうおう》の地であるためだ。大都市をつくるのにふさわしいと判断したのだという。だとすれば、天海こそが江戸の町をつくったキーパーソンになるわけだ。ただし、家康と天海とが深く交わったのは、江戸入府後なので、信じがたい説である。

▲南光坊天海の肖像画

また、天海は寛永寺を建立しただけでなく、神田明神も北東の位置に移転させ、裏鬼門となる南西に増上寺、日枝神社を設け、江戸城を守護するよう配置したとされる。

天海同様、家康

▲浮世絵に描かれた上野・寛永寺（国立国会図書館蔵）

の信任の厚かったのが金地院崇伝《こんちいんすうでん》である。この2人の僧は家康の死後、その神号を「明神《みょうじん》」とするか「権現《ごんげん》」とするかで激しく争った。その結果は「権現」を主張した天海の勝ちとなった。豊国大明神《とよくにだいみょうじん》として祀られた結果、子孫が滅んでしまった秀吉と同じ「明神」にするのはもってのほか、という天海の主張に誰も異を唱えることができなかったのだ。

こうして「**黒衣《こくい》の宰相《さいしょう》**」などといわれ、幕府の宗教政策はもちろん、多くの面で顧問的役割を果たした天海は、江戸の町を形づくる一翼《いちよく》を担っていったのである。

四代将軍・徳川家綱［1651〜1680年］が未曾有《みぞう》の災害を乗り越える

① 災害を乗り越えた幼き将軍

幼き将軍を支えたのは？

▲徳川家綱の肖像画

1651年、三代将軍・家光が死去した。同年、四代将軍に就任したのが家光の長男・家綱《いえつな》である。とはいえ、この時、**将軍・家綱はわずかに10歳。前代《ぜんだい》未聞《みもん》の幼き将軍であった。**しかも、秀忠の時も家光の場合も、将軍就任時には、前将軍が健在で、大御所として政務をみていたのに対し、家綱の場合は、就任時に前代の将軍が死亡しているという、江戸幕府始まって以来の事態だったのである。

もちろん、10歳の少年が直接政務をとる

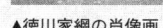

わけにはいかない。そこで、松平信綱ら家光を支えてきた幕閣たちが中心となり、幕政を担う体制がとられた。中でも主軸となったのは、会津《あいづ》藩主・保科正之《ほしなまさゆき》である。

実は、この保科正之は保科姓を名乗っているが、元々は徳川家の人間である。いやそれどころか、三代将軍・家光の実の弟に当たる人物なのだ。読者諸兄は覚えているだろうか。二代将軍・秀忠がほかで産ませたものの、正室お江への配慮から他家へ養子に出された子どもがいたことを。幼き頃の保科正之は、将軍の子どもとして生まれながら、わずか3万石の信濃高遠《しなのたかとお》藩の養子として生きてきたのである。

▲四代将軍・家綱の補佐役を務めた保科正之（国立国会図書館蔵）

その後、実弟の存在を知った家光から重用《ちょうよう》されることとなり、会津23万石を拝領《はいりょう》し、幕政にも参画《さんかく》。やがて、死の床にあった家光から直々《じきじき》に家綱の補佐役に任じられたというわけである。

▲明治33年に編まれた『由井正雪』より（国立国会図書館蔵）

こうして四代将軍・家綱の時代は、保科正之ら幕閣が幼い将軍・家綱を支えて政治を行なう体制が形づくられていったのである。

前途多難な幕開け

三代将軍・家光が死去し、幼き家綱が将軍に就任しようとしていた慌《あわ》ただしい時のこと、兵学者である由井正雪《ゆいしょうせつ》が、浪人《ろうにん》らとともに幕府転覆《てんぷく》を企《くわだ》てるという恐ろしい事件が起きた。世にいう「慶安《けいあん》事件（**由井正雪の乱**）」である。その計画とは駿府にあるという家康の遺産を奪って軍資金としたうえで、江戸に火をつけ将軍家綱を人質として奪い、上方でも挙兵するという、実に大規模な計画であった。結果的には、密告《みっこく》により事件は未遂《みすい》に終わったのだが、代替わり直後の幕府に与えた影響は大きく、この後、浪人の発生を抑える施策等が順次打ち出されている。

それだけではない。将軍就任の6年後、**明暦《めいれき》の大火《たいか》**という大火事が江戸の町を襲ったの

◎徳川家綱 略年表（※年齢は満年齢）

西暦（年）	年齢	主な出来事
1641	0	誕生
1645	4	元服
1651	10	四代将軍に就任。由井正雪の乱
1653	12	酒井忠清、老中に
1654	13	玉川上水完成
1657	16	明暦の大火
1658	17	定火消の設置
1659	18	江戸城本丸竣工。両国橋架橋
1663	22	武家諸法度で殉死を禁じる
1669	28	シャクシャインの乱。保科正之隠居
1671	30	河村瑞賢、東廻り航路を開く
1673	32	三井高利、越後屋呉服店を開く
		市川團十郎、荒事を演じる
1674	33	日本橋に魚河岸ができる
1680	39	逝去

だ。詳細については、後述することとするが、せっかく一旦完成し、繁栄の一途をたどってきた江戸の町は、再び壊滅《かいめつ》状態に陥ってしまったのである。

このような波乱に満ちた家綱の治世であったが、前半は保科正之、後半は酒井忠清《ただきよ》らが中心となり、幕政は運営されていく。

せっかく将軍となった家綱は、政務を部下に任せきりとなり、何か聞かれても「左様《さよう》せい」とこたえるばかりとなった。ついたあだ名は「**左様せい様《さま》**」であったという。

② 人口増で飲み水が不足！

新たな上水道の開削へ

家光の代でひとまず天下普請は終了し、江戸幕府の体制がほぼ整えられていくと、江戸の町の人口増加にも拍車がかかる。これは、家光の代に制度化された参勤交代《さんきんこうたい》の影響も大きい。参勤交代では、大名は1年ごとに国許《くにもと》と江戸とに交互に住むことになる。つまり大名は、その治世《ちせい》における半分の時を江戸の町で、大勢の家臣を引き連れて過ごしているわけであり、そのため、江戸は多くの武士であふれかえることになる。また、大名が国許に戻る時も、その妻と子どもは江戸に住むことが決められていたため、それにかかわる人たちだけでも相当な数の人々が江戸の町に常駐《じょうちゅう》することとなったのである。

江戸の町の人口が増えると困った問題も起きてくる。その中でも重要なのが水不足である。これまでの神田上水や溜池《ためいけ》の水だけでは、増え続ける江戸の人口に対応できなくなったのである。

そこで幕府は、新たな上水道の開削に踏み切ることになる。この大工事の設計および施行を担当したのが、庄右衛門《しょうえもん》、清右衛門《せいえもん》という町人の兄弟であった。2人が幕府に提出した設計書が認められ、工事請負《うけおい》人に指名されたのである。2人の上には、総奉行として老中・松平信綱《のぶつな》と水道奉行として伊《い》奈《な》忠治《ただはる》が就任した。

▲玉川上水の元となった多摩川の流れに足を浸す美人の図（国立国会図書館蔵）

こうして四代将軍・家綱が就任した2年後の1653年4月に工事が着工し、それからわずか8カ月で、多摩川《たまがわ》から四谷までの約43kmの用水路が完成する。そしてその翌年には、地下に配水管を張り巡ら

▲上水廃止の提言をした室鳩巣の肖像（国立国会図書館蔵）

し、主に江戸の南西部の人々ののどを潤す上水道が完成したのである。

その後の上水道網の広がり

ちなみに、この後も江戸の町は膨張《ぼうちょう》を続け、飲料水の需要はますます高まっていった。そこで幕府は、玉川上水を分水して青山上水、三田《みた》上水、千川《せんかわ》上水という3本の上水道を開設。また、中川を水源とした亀有《かめあり》上水も造成した。最後の千川上水が完成したのが、玉川上水完成から42年後の1696年である。

ところが、それから30年も経たない1722年。時の将軍・徳川吉宗《よしむね》は、新たにできた亀有・青山・三田・千川上水の廃止を決めてしまう。きっかけとなったのは室鳩巣《むろきゅうそう》という儒学者《じゅがくしゃ》の提言だといわれている。その主張とは、江戸に火事が多いのは水道網のせいだというのだ。水道管が土中の水気を吸って土地が乾いてカラカラになり、火事が多くなるというのだ。

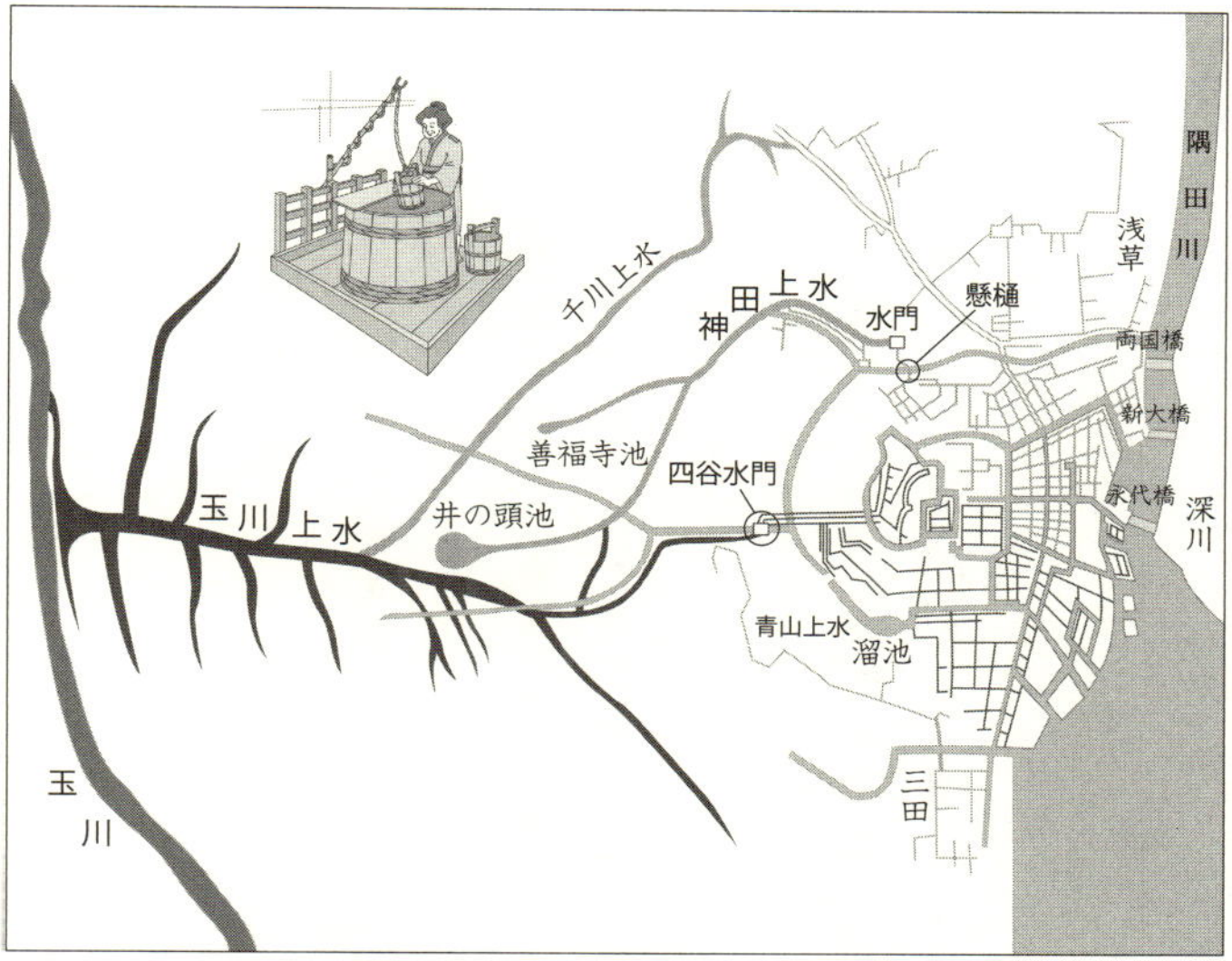

▲神田上水とともに、江戸の町に良質な水を届けた玉川上水（『面白いほどよくわかる江戸時代』〈山本博文監修・日本文芸社〉などの図を元に作図しました）

この提言には科学的な根拠がなく、単なる迷信だ。ただ、上水道の廃止は、室鳩巣の提言だけに拠《よ》ったのではなく、上水網が増え過ぎて維持管理が大変だったこと、井戸の掘削《くっさく》技術が向上し、地下水から良質な水を得ることができるようになったことなども理由として挙げられている。

しかし、神田上水と玉川上水は廃止されることなく、江戸の町の人々の生活の糧《かて》となってきた。神田上水は明治まで給水を続けていたし、玉川上水に関しては1965年（昭和40年）まで、淀橋《よどばし》浄水場への導水路として利用され続けたのである。

3 すべてを灰燼に帰した明暦の大火！

前代未聞の大災害

美しき少年（寺小姓）に恋をした乙女《おとめ》は、少年の着物と同じ柄《がら》の振袖《ふりそで》をつくってもらい、喜んで毎日のように袖を通していた。しかし、彼女は報《むく》われぬ恋に胸を焦《こ》がし、とうとう命を落としてしまう。少女のことを不憫《ふびん》に思った両親は、形見《かたみ》の振袖をお寺に納め、冥福《めいふく》を祈った。ところが、その寺の僧は、不届《ふとど》きなことに、その振袖を古着屋に売ってしまう。

こうして古着屋を経由して別の少女のものとなった振袖であったが、奇妙なことにこの少女も早世してしまうのだ。亡くなったのは、先の少女の命日であったという。再び、振袖は寺に納められ、またも寺の僧侶は、この振袖を古着屋へ売ってしまう。そして、今度もその振袖を買い、袖を通した少女が、前の2人の少女が亡くなったのと同じ日に命を落とす。

三度《みたび》も重なった奇妙な偶然に、さすがの僧侶もいぶかしく思い、亡くなった3人の少女の親を呼び集めて大施餓鬼会《だいせがきえ》を営《いとな》み、丁重《ていちょう》に振袖に火をつけ供養《くよう》を施《ほどこ》した。その時である。折からの風によって、件《くだん》の振袖が吹き上げられ、まるで少女たちが華麗《かれい》な舞《まい》を披露しているかのように見えた。次の瞬間、火は寺の建物に燃え移ったかと思うと、瞬《また》く間に周囲に燃え広がり、2日間かけて江戸の町を燃やし尽くした。満たされぬ思いを抱きながら若くして逝《い》った少女たちの無念が江戸の町を跡形《あとかた》もないほど燃やし尽くしたのである。

これが、別名**「振袖火事《ふりそでかじ》」と呼ばれる明暦《めいれき》の大火にまつわるエピソード**である。この話の真偽のほどは不明だが、この火事が江戸時代最大といわれる大災害となったのは事実である。

▲明治時代の書籍に描かれた明暦の大火の惨状（国立国会図書館蔵）

時は1657年、風も乾ききった1月18日の午後2時ごろ、本郷（文京区）の本妙寺《ほんみょうじ》から出火した火事は、折からの風にあおられ、見る見るうちに日本橋など江戸の東側の地域を燃やし尽くした。この時、小伝馬町《こでんまちょう》の牢獄《ろうごく》では、火が迫ってきたのを知った牢番が、収容中の罪人を解放するという措置をとった。しかし、これを脱獄《だつごく》とみなした浅草門の番人が門を閉鎖。これにより逃げ場を失った多くの人が、無理やり門を越え、30m下の濠《ほり》に飛び込み、溺死《できし》。また、圧死、焼死した人も多く、この地だけで2万3000もの死者を記録したという。

この火がまだ鎮火《ちんか》していない翌19日11時頃、小石川（文京区）の武家屋敷から第二の出火が発生、この火は、まさに江戸の中心部を灰にした。なんと江戸城本丸、二の丸まで焼き尽くしてしまったのだ。この時、家光が建立した寛永天守も燃え落ちている。家康が建てた慶長天守は子の秀忠によって、秀忠がつくった元和天守は同じく子の家光によって破却されつくり替えられた。しかし、その家光が建てた寛永天守は、子の家綱の代になっても建て直される予定などなかったのだが、火災によりあっさりと焼失してしまったわけである。

さらに同日16時頃には、麹町《こうじまち》（千代田区）の町家からも火が出て、江戸城の南のほうを焼失させた。結果的にこれらの火は2日間にわたり燃え続け、史料によって被害の状況には差があるのだが、5万〜10万人の死者を出し、江戸の町の6割を焼失させたといわれている。家康、秀忠、家光という三代にわたって築き上げてきた**江戸城と江戸の街並みは、わずか2日間で灰燼《かいじん》に帰《き》した**といってよい。

16歳の少年将軍はその時、何をしていたのか

明暦の大火の年、将軍・家綱はまだ満16歳の少年であり、当然のことながら江戸城本丸にいた。炎が迫りくる恐ろしさに震えていたであろうことは想像に難《かた》くない。なにしろ江戸城といえば、武家社会の中心地であるから、あちこちに火薬などもある。爆発音が響く中で、壮麗な天守までが崩れ落ちてしまったのである。

取り急ぎ、家綱は本丸から西の丸へと移ったが、それとて完璧に安全な場所とはいえない。いつ火の手が回ってくるのか、わかったものではない。酒井忠勝、井伊直孝といった重臣たちは自分の屋敷に避難させることを主張し、松平信綱は寛永寺への避難を主張した。多くの人の脳裏《のうり》をかすめたのが、由井正雪の乱である。由井正雪の一派が画策《かくさく》していたのは、江戸に火をつけ、将軍・家綱を人質に奪う、というものであった。もしも、この大火が由井正雪一味の残党による放火だとすれば、彼らの次の狙いは、江戸城にいる家綱を人質にとることであろう。それゆえ、彼らは家綱の城外への避難を進言したのである。

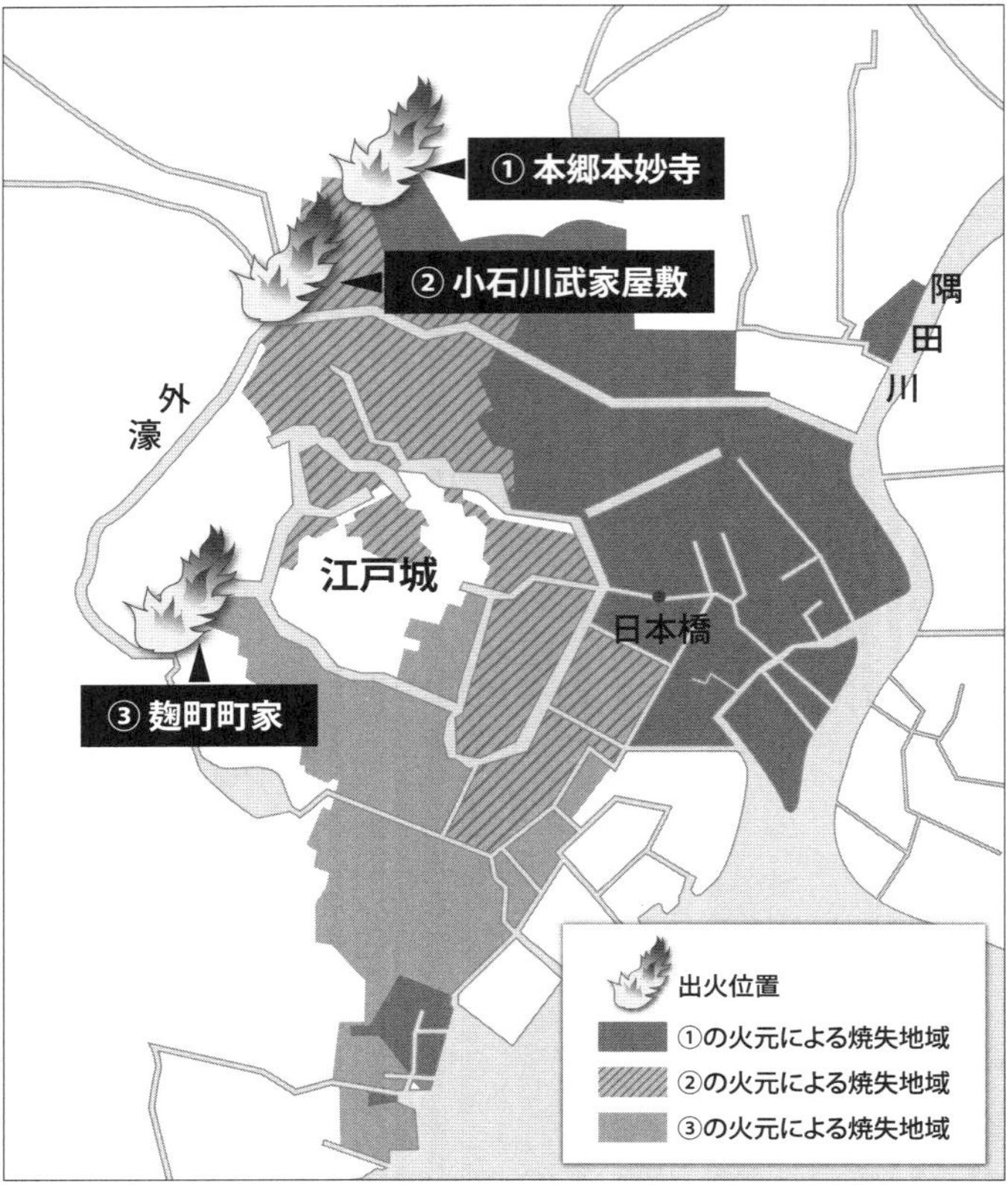

▲大火は江戸の町の６割を焼き尽くしたといわれる

しかしこの時、老中の一人であった阿部忠秋《ただあき》が、「将軍がむやみに城外に逃げるのは、悪漢の思うつぼになるかもしれないし、世間の嘲笑《ちょうしょう》を誘うことにもなろう。城内は広いのだから、ここに留《とど》まるのがよかろう」と主張した。

若き家綱は、さすが将軍家の血をひく者として、肝《きも》も据《す》わっていたのだろう。家光の代からの忠臣である阿部の話を聞き、自ら江戸城に留まる決意を固めたという。

④ なぜ、天守は築かれなかったのか

震災直後の復興支援とは

明暦の大火によって壊滅的な被害を負った江戸の町に対して、幕府は迅速な復興支援体制をとった。中心となったのは、二代将軍・秀忠の隠し子・保科正之《ほしなまさゆき》であった。

火事によって焼け出された人々の窮状《きゅうじょう》を知った幕府は、火災直後の21日、6カ所の仮小屋を設け、**お粥《かゆ》の配給を行なった**。この配給は翌月まで続き、約900トンの米が費やされたという。

また、大火は幕府の米蔵《こめぐら》をも襲い、多くの米穀《べいこく》が焼けてしまったが、これを知った保科正之は、これを被災者に供給することを思いつく。その量は史料によって差があるが、

300俵以上あったのではないかといわれている。このようにして最悪の状況にあった被災者に対して、幕府は自らの懐《ふところ》をはたいて救いの手をさし伸べているのだ。封建社会というと、武士は威張《いば》ってばかりというイメージがあるかもしれないが、なかなか善良な政治も行なっているのである。

さらに、こんなエピソードもある。火災で多くの家が焼けると、再建のために大量の材木が必要となる。そこに目をつけ、材木の価格をつり上げようとする商人たちがいた。その頃、江戸市中に「江戸城の再建は3年間棚上《たなあ》げされ、再建時も幕府直轄地の材木が適用される。また、大名屋敷の再建もすぐには行なわなくてよい、というお触れが出た」という噂が流れた。これにより、材木の値段は一気に暴落《ぼうらく》。一攫千金《いっかくせんきん》を狙った商人の狙いは見事に外れてしまう。しかし、実際の江戸城の再建は大火のすぐ後から始められていた。どうやら、この噂は、材木の値段を統制するために松平信綱らがリークしたものであるらしい。この時期の幕府が、硬軟あわせてさまざまな手法を駆使しながら、江戸の町の再建に乗り出していることがわかるエピソードである。

また、幕府は食料や材木など物資の供給にかかわる支援だけでなく、心のケアも行なっている。中心となったのは、やはり保科正之である。保科は、火災後まもなく、徳川家の

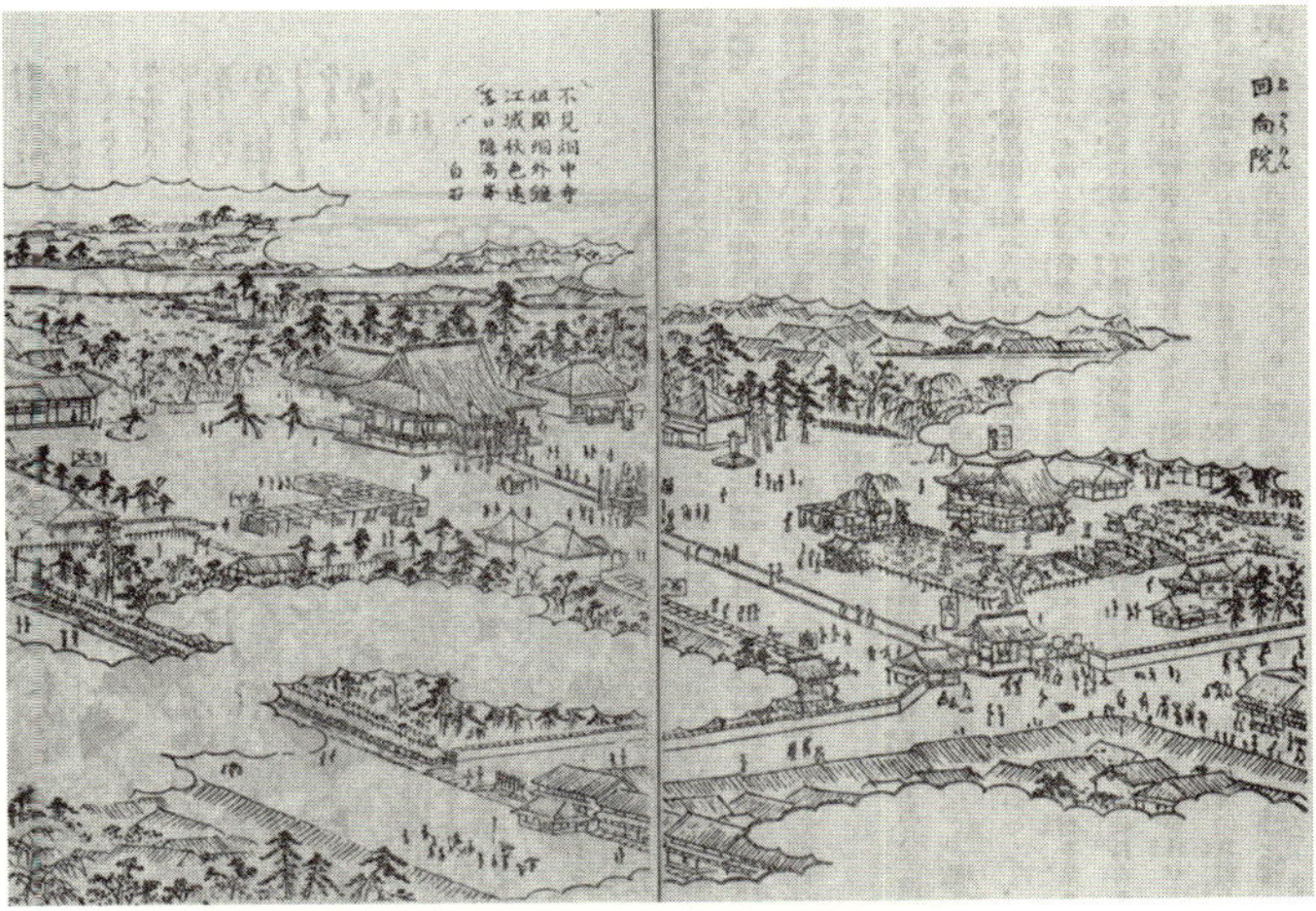

▲『江戸名所図会』に描かれた回向院の様子（国立国会図書館蔵）

菩提所《ぼだいじょ》である増上寺に参内《さんだい》した時、道端《みちばた》に多数の犠牲者の遺体が放置されている惨状を目《ま》のあたりにした。それに心を痛めた保科は、遺体を集め、供養《くよう》するよう指示を出す。こうしてできたのが、両国（墨田区両国）の回向院《えこういん》である。犠牲者の供養をしたくてもなかなかできなかった遺族の心は多少なりとも救われたことだろう。

四代目の天守はどうなったか

幕府は、明暦の大火により甚大《じんだい》な被害に見舞われた江戸の町の再建にも早々に乗り出した。その中身は次項において詳しく述べるが、ここでは、その最終段階において行なわれる予定だった天守の再建について

▲幻に終わった四代目天守の図

述べておこう。
　天守は、江戸の町のランドマークであり、徳川幕府の権威の象徴でもあった。そこで、天守を再建すべく幕閣《ばっかく》の間で会議が開かれたのだが、その席上、保科正之がこう口を開いたという。
「天守というものは、戦国時代ならいざ知らず、実は軍用にはあまり意味がない。ただ、遠くを眺めるだけのものである。幕府の工事が長引けば、その分、民間の工事は遅れよう。このようなもののために国費を投じる時期ではなかろう」
　家康の孫であり、当代将軍・家綱の後見人でもある保科正之の一言を一同も受け入れた。

これまで、三代の将軍たちが競うようにつくり替えた江戸城の天守は、この時より二度と再建されることはなくなったのである。

実は六代家宣《いえのぶ》・七代家継《いえつぐ》に仕えた新井白石《はくせき》の時代に再建の話が出て、右図のように実際に図面などもつくられたのだが、計画は幻に終わり、現代にいたるまで江戸城天守は再建されていない。現在、皇居東御苑《ひがしぎょえん》となっている江戸城本丸跡には、天守台だけがひっそりと残されている。

5 新しい江戸の町は防災タウン？

幕府は江戸の町を広げていった

幕府は単に江戸の町をもう一度元通りつくり直したわけではなかった。そもそも江戸の町は、これまでページを割《さ》いて説明してきたように、未開の部分が多かった場所に宅地を急造し、急激に増える人口を吸収させた人工の町であった。そのため、燃えやすい木造

▲明治〜大正期に撮影された東京大学赤門。江戸時代には加賀前田家上屋敷の門であった（国立国会図書館蔵）

住宅が密集しており、ひとたび火事が起こると次々に延焼《えんしょう》し、しばしば大被害に見舞われるという弱点があった。そこで幕府は、明暦の大火からの復興・再建を目指すに当たり、火事などの**災害に強い町づくりを志向していった**のである。

しかし、人口過密状態を避けるためとはいえ、人や建物の数を減らすというのは現実味のある話ではない。とはいえ、そのまま建物を建てていけば、また人口過密の町ができ上がってしまう。そこで幕府のとった手段は、**江戸の町を広げる**ことであった。そうして、町の中に延焼を防ぐための空間を設け、大火に備えたのである。

まずは中心部から話をしていこう。幕府はこれまで城内にあった御三家《ごさんけ》をはじめ、多くの大名の屋敷を城外へと移転させた。そして、跡地には馬場や庭園などを設け、延焼防止のための空間としたのである。ちなみに、城外に移転した広大な武家屋敷は明治以降、さまざまな施設となっている。自衛隊市谷駐屯地《じえいたいいちがやちゅうとんち》、迎賓館《げいひんかん》、後楽園《こうらくえん》や東京大学などは、これら大名屋敷の跡地なのである。

武家屋敷と同様に寺社もまた、多く郊外へと移された。山王社《さんのうしゃ》（日枝《ひえ》神社）は赤坂へ、西本願寺は築地《つきじ》へ（築地本願寺）、吉祥寺《きちじょうじ》は駒込《こまごめ》へ、といったように。その結果、三田、本所、浅草、谷中《やなか》などの江戸市街周辺部に寺町ができ上がっていった。

武家屋敷だけではなく、もちろん、町人が住む町家も郊外へと移転する措置がとられた。神田連雀町《れんじゃくちょう》の町民は多摩《たま》地区に移転させられ、現在の三鷹《みたか》市に連雀新田を開くこととなった。これが三鷹市上連雀《かみれんじゃく》・下連雀《しもれんじゃく》などの地名の由来である。また、先に吉祥寺は駒込へ移転されたと記したが、その門前町の住人はやはり多摩地方へ移住させられ、吉祥寺村をつくった。現在の武蔵野市吉祥寺に「吉祥寺」という寺がないのは、そのためである。

町の広がりから生まれた江戸名物

こうして江戸の町は周辺部にまで広がりをみせ、隅田川の対岸である本所・深川地域も

▲花火でにぎわう両国橋近辺の様子を描いた浮世絵（国立国会図書館蔵）

開発されていく。そこで幕府は、これらの地と江戸中心部を結ぶ橋を架けた。その橋は、当初は大橋という名で呼ばれていたが、やがて**武蔵国《むさしのくに》と下総国《しもうさのくに》の二つの国を結ぶ橋**、という意味で「両国橋《りょうごくばし》」と呼ばれるようになる。のちの八代将軍・吉宗の時代には、橋近くの川岸で花火の打ち上げが始まり、江戸の町の風物詩となっていく。

移転といえば、明暦の大火で全焼した吉原も、浅草寺裏の日本堤《にほんづつみ》へと移転した。もっとも、**吉原の郊外移転**は大火以前から決められていたことであった。風紀と治安の悪化を防ぐという理由からだ。以降の新しい吉原は「新吉原」ないし、単に「吉原」と呼ばれるようになる。浮世絵などに描かれている吉原はたいていが

▲新吉原の郭の2階を描いた浮世絵〈部分〉。いくつもの部屋に集う客や遊女がたくさん描かれている（国立国会図書館蔵）

この「新吉原」である。

減災志向の町づくり

こうして幕府は、中心部から郊外へと江戸の範囲を広げることによって、人口密度を軽減し、都市のあちこちに**火《ひ》除《よ》け地**や**広小路《ひろこうじ》**を設け、延焼の防止を図った。また、幕府は道に突き出していた商家の庇《ひさし》を取り除くようお触れを出した。これまでは道の中央に向かって２ｍ近くも、両側からはみ出していた庇を禁止し、以降は、最大でも支柱のない庇１ｍ弱までしか許されなくなった。支柱のない庇のみとなれば、これまでと比べ実質的に道幅が広がり、避難が容易になる。また、庇と庇の距離が離れれば延焼防止にもなる。このよう

▲幕末期の下谷広小路の様子。右に見えるのは松坂屋の店舗（国立国会図書館蔵）

に江戸幕府は、火事の被害を最小限に抑える「減災」の発想で、新たな町づくりを行なっていったのである。

また、明暦の大火の翌年、幕府直属の消防隊である**定火消《じょうびけし》が設立された**。もっとも消防とはいっても当時の火消しは、現在のように放水等によって火を消すのではなく、火元の風下《かざしも》に当たる家を次々と破壊していき、延焼を防いで消火するやり方が主であった。燃え盛る家のすぐ隣まで行って家を破壊することもあり、かなり危険なやり方であったのは間違いない。なお、有名ないろは四十七組の町火消が誕生するのは八代将軍・吉宗の時代である。

こうして明暦の大火で多くの部分を焼失してしまった江戸の町であったが、１００万両

▲さまざまな道具を駆使する火消したち。この浮世絵の作者である歌川広重も元は火消しであったといわれる（国立国会図書館蔵）

という資金をかけて江戸城本丸を再建し、減災志向で新たな町づくりを進めていった。これにより再び江戸の町はにぎわいを取り戻したのである。四代将軍の時代に至り、真の天下泰平の時代が訪れたといってもよいだろう。

この家綱の時代には、「現金掛《げんきんか》け値《ね》なし」の商法で一世を風靡《ふうび》した越後屋呉服店（のちの三越《みつこし》）が開業し、日本橋に魚河岸《うおがし》ができる（時期に異説あり）など商業の発展もみられた。娯楽の世界でも、のちの市川團十郎《だんじゅうろう》が荒事《あらごと》と呼ばれる力強い芸を始め、芝居（歌舞伎）の世界が大いに盛り上がりを見せる。これらの商業や文化の発展は、次の五代将軍・綱吉の時代に元禄《げんろく》文化として花開いていくのである。

江戸をつくったキーパーソン……4 玉川兄弟

謎の多い兄弟

江戸の町を豊かに形づくった重要人物であるはずなのに、玉川上水をつくった**庄右衛門・清右衛門兄弟に関しては、詳しいことはわかっていない**。町人の出身だとする説が強いが、一部には農民だったとする説もある。いずれにせよ、庶民階層でありながら、治水工事等にかなりの知見《ちけん》をもった知識人であったことは間違いないだろう。

生年も不詳だが、大正時代に東京市が発刊した史蹟・名勝等に関する書籍によると、兄の庄右衛門が1695年に没した時の年齢は「74歳」と記されている。これを信じるとすれば、数え年なら1622年生まれであり、玉川上水の工事が始まった時は、満32歳だったことになる。

出自に関してもう一つ奇妙な点がある。玉川上水の開削に当たって、幕府からは（史料によって金額に差異はあるのだが）6万～7万4500両の請負金《うけおい》が下されている。しかし、実際の工事は、この金額ではとても足らず、兄弟は3千両を自分たちで負担して工事を続行したというのである。3千両といえば大金である。仮に1両を10万円とすれば、3億円という額である。一介の町人がたやすく手配できる額ではないはずである。兄弟は途方《とほう》もない富豪《ふごう》だったのだろうか。

工事の進捗《しんちょく》においても、いくつかの説があり、兄弟が終始中心となってでき上がった、とするものと、兄弟の工事は失敗に終わり、松平信綱の家臣の手によって成功に導かれたという説がある。実際には、多くの人の知恵が結集されて形となったものであろうことは、想像に難くない。

▲玉川庄右衛門の墓〈左〉と、明治になって建立された玉川上水碑〈右〉（国立国会図書館蔵）

❁玉川家の栄光と没落

いずれにせよ、玉川上水の開削を請け

負った庄右衛門・清右衛門兄弟は、最終的には、上水の開削に成功する。その功績により、幕府より玉川の姓と200石の扶持《ふち》(給与)を与えられ、さらに永代にわたる玉川上水の上水役《じょうすいやく》に任じられ、上水使用料の徴収も認められている。

▲浮世絵にも描かれていた玉川上水(国立国会図書館蔵)

しかしながら、この**玉川家の栄光も長くは続かなかった。**玉川家三代目の時、この使用料の徴収に不正を働いたかどで、江戸追放処分となっているのである。しかし、その後も玉川上水は、人々の暮らしを支え続けたのである。

《第5章》

移り変わる それからの江戸と東京［1680年～現代］

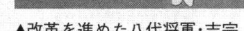

①移り変わる首都の姿

江戸を変えた将軍たち

▲改革を進めた八代将軍・吉宗

徳川家康・秀忠・家光の三代にわたって築き上げられた江戸城と城下町。それは明暦の大火により一旦は壊滅的な被害を負ったが、四代将軍・家綱の後見・保科正之らによって、より広く、強靭《きょうじん》な町としてよみがえった。しかし、これで町の発展が終わったわけではもちろんない。

その後も歴代の徳川将軍たちや江戸町人の自発的な活動により、江戸は成長、発展を続けていった。その中でも比較的顕著《けんちょ》な働きをしたといわれるのが、**八代将軍・徳川吉宗《よしむね》**である。次項では、吉宗の功績を中心に、明暦の大火から

２００年以上に及ぶ江戸の町の変化を追ってみることにしよう。

もちろん、最大の変化はその後訪れる。１８６７年、十五代将軍・徳川慶喜《よしのぶ》が**大政奉還《たいせいほうかん》**を行ない、２６０年以上にわたり日本を治めてきた江戸幕府が終わりを告げる。翌年、年号は明治となり、江戸の町は「東京」と呼ばれるようになる。

変わったのは、名称だけではなかった。押し寄せる西洋化の波は江戸の町の景観《けいかん》を大きく変えていった。文明開化の始まりである。

▲大政奉還を行なった徳川慶喜〈上〉と大政奉還の様子を描いた絵画〈下〉

▲首都・東京のランドマークだった凌雲閣は関東大震災で大破した

困難を乗り越えてきた首都・東京

　近代化の波に乗り、大きく発展を遂げた東京。しかし、それは常に順調だったわけではない。いくつもの困難な出来事に遭遇《そうぐう》しては、それを乗り越えてきたのである。それもまた「東京」の歴史を語るうえで重要な要素であることは間違いない。

　大正時代にも大きな災害が、この町を襲った。**関東大震災**である。1923年（大正12）9月1日、白昼《はくちゅう》の町を襲ったマグニチュード7・9という大地震は、一瞬にして大都市の機能を奪い、いくつもの悲劇をもたらした。しかしながら、生き延びた人々は廃墟《はいきょ》の中から立ち上がり、間もなく首都・東京は復興。市民文化が大いに栄えていく。

　もう一つの大きな困難は、**太平洋戦争**である。たびたびの空襲は、絶大な被害をもたらし、

◎幕末～昭和 重大事件年表

西暦（年）	時代	主な出来事
1716	江戸	享保の改革始まる
1853	江戸	黒船来航
1867	江戸	大政奉還
1868	明治	江戸を東京と改称
1871	明治	廃藩置県
1872	明治	新橋―横浜間に鉄道敷設
1889	明治	大日本帝国憲法発布
1904	明治	日露戦争勃発
1923	大正	関東大震災
1925	大正	ラジオ放送開始
1941	昭和	太平洋戦争勃発
1945	昭和	ポツダム宣言受諾
1951	昭和	サンフランシスコ平和条約調印
1958	昭和	東京タワー竣工
1964	昭和	新幹線開通。東京五輪開催

首都・東京に生きる人々を恐怖に陥《おとしい》れた。その後、焼け野原となった町を、当時の日本人は力強く生き抜き、上を向いて歩き始める。

やがて驚異の高度経済成長をなし遂げた日本、その中心は首都・東京であった。１９６４年（昭和39）には、経済成長の象徴ともいうべきイベント、東京オリンピックが開催されている。

時代とともに移り変わっていった江戸、そして東京。

その３００年以上にわたる歩みを簡単に振り返っていこう。

② 幕政改革の時代へ

改革を主導した八代将軍・吉宗

四代将軍・家綱が逝去《せいきょ》した際には跡継ぎとなる子がおらず、五代将軍には江戸幕府始まって以来となる将軍の弟が就任した。これが生類憐《しょうるいあわれ》みの令《れい》などで知られる徳川綱吉《つなよし》である。それが、彼の治世下においては、上野忍岡《しのぶおか》にあった孔子廟《こうしびょう》と学問所を湯島《ゆしま》(文京区)に移転。それが、「湯島聖堂と聖堂学問所である。学問所はのちに昌平黌《しょうへいこう》となる。さらに綱吉は、護国寺《ごこくじ》、護持院《ごじいん》などの大寺院を創建。しかし、これらの大工事は、幕府の財政悪化の一因となった。

綱吉の死後、甥《おい》の家宣《いえのぶ》（六代）、次いでその子・家継《いえつぐ》（七代）が将軍となるが、その治世は両方足してもわずかに7年という短さであった。しかも、七代将軍・家継は満7歳で亡くなっているため、当然ながら世継ぎはいない。そのため、徳川宗家《そうけ》（二代将軍秀忠の子孫）の血筋《ちすじ》は絶えてしまう。そこで徳川家の親戚である御三家《ごさんけ》の一つ紀州藩から将軍が迎えられた。それが八代将軍・吉宗《よしむね》だ。

吉宗が将軍に就任した時には、幕府の財政は非常に厳しい状態にあったため、吉宗は財

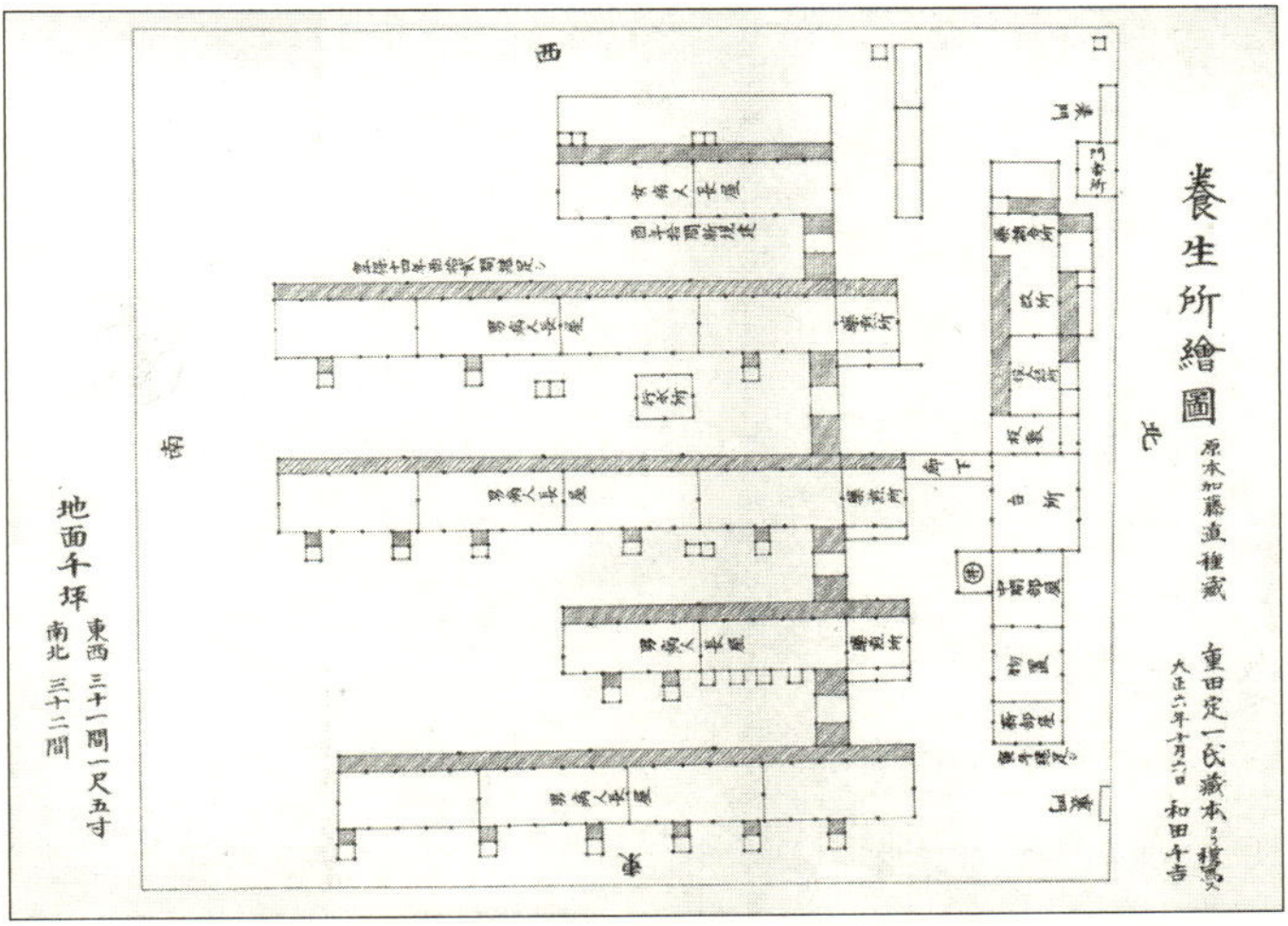

▲小石川養生所の図面。 病室は男女に分かれ、薬膳所、台所などの文字が見える。 広さは千坪もあったという（国立国会図書館蔵）

政再建を志《こころざ》し、**享保《きょうほう》の改革**と呼ばれる政治改革を断行《だんこう》した。

吉宗は、質素倹約《しっそけんやく》を奨励《しょうれい》するとともに、大名から米を上納させ（上《あ》げ米《まい》）、年貢《ねんぐ》制度を改定して収入を安定させるなどの施策をとったほか、新田開発、商品作物の栽培などを積極的に奨励した。これらの施策により、幕府の財政はある程度の潤《うるお》いを取り戻すことができたのである。

また、吉宗は、**目安箱《めやすばこ》を設置**して、庶民の声を傾聴《けいちょう》するとともに、大岡忠相《ただすけ》（江戸町奉行・大岡越前守《えちぜんのかみ》）などの有能な人材を登用し、江戸を暮らしやすい町にするように積極的な対応をとった。貧窮民《ひんきゅうみん》が無料で診療が受けられる**小石川養生所《こいしかわようじょうしょ》**

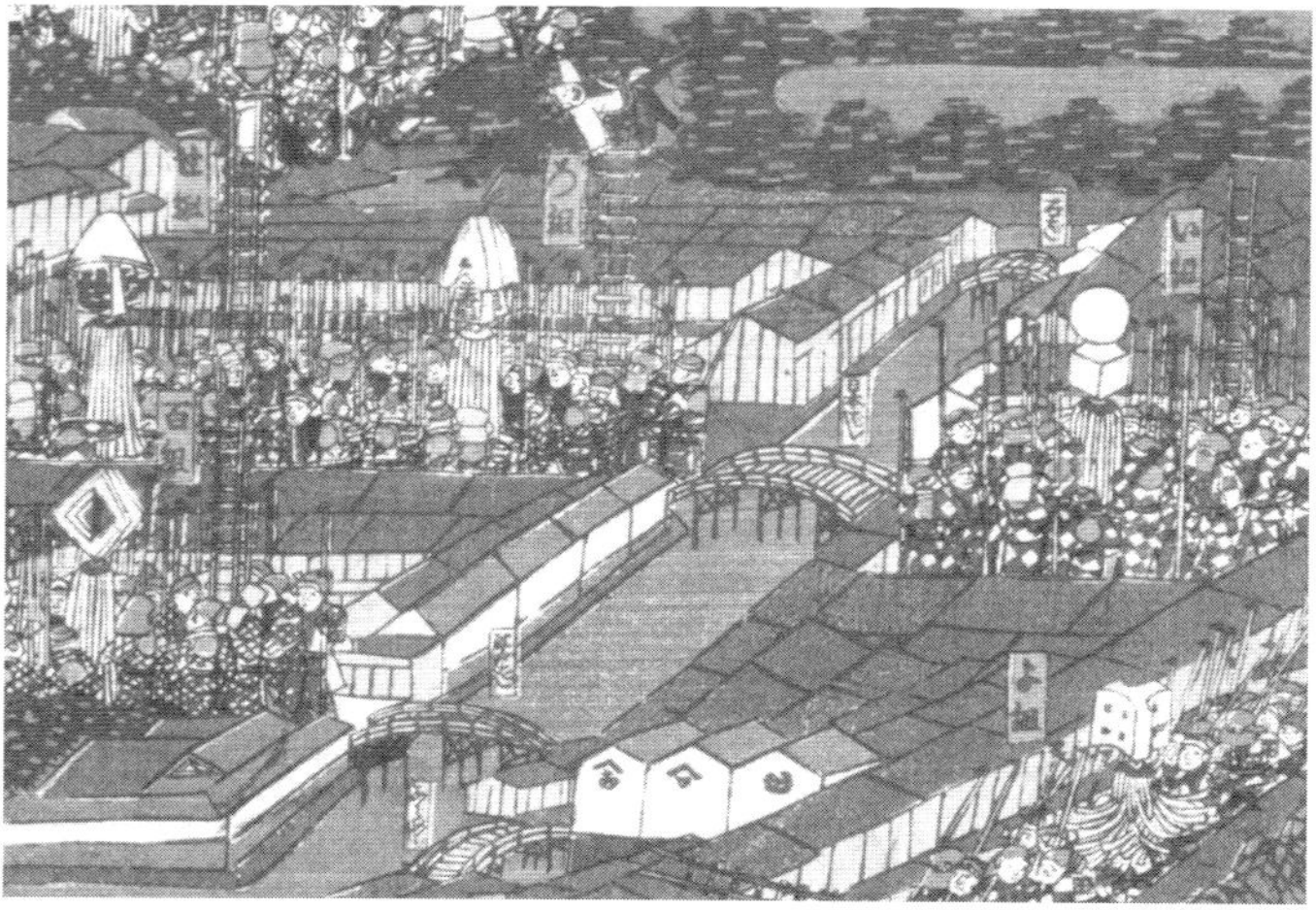

▲各組がそれぞれの纏《まとい》を持って集まっている町火消の図。右上にある「い組」の纏は、丸いのが「芥子《けし》の実」、四角いのが「枡《ます》」をかたどったもので、両方あわせて「消します」を意味している〈部分〉（国立国会図書館蔵）

の設置などはその代表例である。これは町医者による目安箱への投書が実現したもので、大岡忠相らが中心となって設置した。最大１５０人の収容を可能としたというこの施設は、幕末まで運用されている。

また、火災による被害を最小限に抑えるため、町人の消防組織である町火消《まちびけし》も組織された。俗に「いろは四十七組」と呼ばれているが、「いろはにほへと……」の文字のすべての組があるわけではない。「へ」「ら」「ひ」「ん」に関しては、発音や意味の問題から除外されており、代わりに「百」「千」「万」組があった。また、のちに「本」組が

▲将軍家の鷹狩のための準備にいそしむ人々の様子を描いた図。左上に鷹を腕に留めている男の姿が見える。また、人々が持つ荷物には徳川将軍家の家紋である三つ葉葵がつけられている〈部分〉（国立国会図書館蔵）

加わるため、いろは四十八組になる。

鷹場復活の真意とは？

一方、吉宗は鷹狩《たかがり》を好み、五代将軍・綱吉の生類憐みの令以来中止されていた将軍の鷹狩を復活させ、郊外に鷹場《たかば》を積極的に設けた。これは単に吉宗の趣味から始まったことではなく、初代将軍・家康が鷹狩を好んだことを想起させ、幕府の権威を復活させようという意味と、鷹場を設けることで**幕府の権威を江戸の郊外にまで広げ、首都圏を再編しようという意図があった**といわれている。

また、吉宗は、江戸の北の王子《おうじ》

▲飛鳥山で花見に興じる江戸の庶民たち（国立国会図書館蔵）

飛鳥山《あすかやま》（北区）、東の隅田川《すみだがわ》堤《づつみ》（墨田区）、南の品川御殿山《ごてんやま》（品川区）などに桜の木を植樹。そして、生類憐みの令が発布されていた時の犬小屋跡である西の中野の地には、桃を植えて桃園とした。これらは**庶民に娯楽の場を与えると**いう意味合いとともに、鷹場と同じく、幕府の権威を高め、首都圏を再編するためにも設けられたのだという。

❁大政奉還と変わりゆく江戸

▲外国船の様子を描いた幕末の浮世絵（国立国会図書館蔵）

享保の改革により、幕府の財政は一旦は潤いをみせたのであるが、その後もたび重なる飢饉《ききん》の発生等により、財政は再び厳しい状態となっていく。そのような中、十代将軍・家治《いえはる》に仕えた田沼意次《たぬまおきつぐ》、十一代将軍・家斉《いえなり》のもとで力を発揮した松平定信《さだのぶ》、十二代将軍・家慶《いえよし》に重用《ちょうよう》された水野忠邦《ただくに》らが改革を推《お》し進めたのだが、大きな成果はあげられずにいた。

そして、この十二代将軍・家慶が没する少し前、江戸湾にアメリカ東インド艦隊司令長官ペリー率いる**黒船《くろふね》が来航**。その外圧により、開国へと舵《かじ》を切った幕府であったが、やがて世は大きく乱れ、ペリー来航からわずか14年後、十五代将軍・慶喜《よしのぶ》が大政奉還をし、江戸幕府は消滅する。これに伴い、明治の世が訪れると、時代は一気に近代化の道を突き進むことになる。江戸・東京は大きく形を変えていくのだ。

3 文明開化の時代へ

手探りで始まった明治維新

大政奉還ののち、薩摩・長州を中心とした新政府軍と旧幕府軍との間で争いが起こる（鳥羽《とば》・伏見《ふしみ》の戦い）。これに勝利を収めた新政府軍は、一気に勝敗を決しようと江戸へと進軍。一大決戦の火ぶたが切られようとしていた。

しかし、新政府軍の江戸入り直前に、新政府軍参謀・西郷隆盛と旧幕府陸軍総裁《りくぐんそうさい》・勝海舟《かつかいしゅう》が会談を行ない、江戸城の無血開城《むけつかいじょう》が決められた。江戸はギリギリのタイミングで大規模な戦禍《せんか》から逃れることができたのである。その後も上野の山に籠《こ》もる旧幕府軍の彰義隊《しょうぎたい》と新政府軍との間で戦いが起こり、さらに東北や蝦夷《えぞ》地《ち》など、戊辰《ぼしん》戦争は、1869年（明治2）まで続くが、その間も新政府は新たな国づくりを進めていった。

まず、1868年（明治元）4月、西郷と勝との取り決めに従い、**江戸城が開城された。**太田道灌が築城し、北条氏の時代を経て、徳川家が天下普請によって築いた大城郭は、260余年の時を経て、ついに朝廷をいただいた新政府軍の手に落ちたわけである。ただし、当時の江戸城は5年前の大火によって本丸御殿が失われている。以降も本丸御殿が再興されることはなく、現在も宮殿や宮内庁の庁舎などは西の丸の位置に築かれている。

▲江戸無血開城に尽力した勝海舟（国立国会図書館蔵）

同年7月、「今（ヨリ）江戸ヲ称シテ東京トセン」という詔書が出され、「江戸」は「東京」と改められた。江戸重長らの本拠地として平安時代から続く「江戸」という地名は、この時、消滅することになった。

9月8日には、元号が「明治」と改められる。（ただし、

▲和風と洋風の、人と建物が混在している東京・駿河町の町並み。この絵を描いた小林清親は元幕臣で、江戸開城にも立ち会ったという。最後の浮世絵師と呼ばれた彼の作品には、どこか失われゆく江戸の町の郷愁が込められているように思える（国立国会図書館蔵）

1月1日にさかのぼって適用されている）翌1869年（明治2）には、明治天皇が東京へ到着し、事実上の遷都《せんと》がなされた。「事実上」というのは、当時から現在に至るまで、**正式な遷都の発表がなされていない**からである。これは京都市民をはじめとする遷都反対派を刺激しないように、あえて公表を避けたのだといわれている。

1871年（明治4）、廃藩《はいはん》置県《ちけん》が断行される。これまで、各大名が半ば独立してその領国（藩）を経営していた時代が終わりを告げ、一元的に政府が支配する中央集権国家体制が確立したのである。これにより北海道を除く全国は一旦、3府302県に分かれたのだが、その年のうちに3府72

県となる。

これに伴い、東京は「東京府」となる。東京府はさらに6大区に分かれ、のちに区画の整理がなされ、11大区の時代を経て、やがて中心部が15区、周辺部が6郡に分かれる。15区の内訳は麹町《こうじまち》区・神田《かんだ》区・日本橋区・京橋《きょうばし》区・芝区・麻布《あざぶ》区・赤坂区・四谷区・牛込《うしごめ》区・小石川区・本郷区・下谷《したや》区・浅草区・本所《ほんじょ》区・深川《ふかがわ》区であり、今も都民の生活に根づいている地名であることがわかる。ちなみに、周辺部の6郡は荏原《えばら》・南豊島《としま》・北豊島・東多摩・南足立《あだち》・南葛飾《かつしか》である。

こののち、神奈川県から三多摩地区が移管され、また、前記の15区を管掌《かんしょう》するものとして東京市が置かれる。やがて昭和の時代になると、周辺6郡（厳密には東多摩郡と南豊島郡が合併して豊多摩郡となっていたため、5郡）も東京市に合併され、改編して35区となる。足立区、板橋区、江戸川区、杉並区、品川区など、おなじみの区名は旧6郡の編入の際につけられた名前である。そして、戦後になると23区に整理され、現在に至るわけである。

❀ざんぎり頭をたたいてみれば……

このような制度改革以上に、東京の町を大きく変えていったのは、文明開化の波である。

▲1890年、漏電により帝国議会議事堂が燃えるという事件が起こる。これにより石油会社など電灯反対派が、一挙に勢いづいたという（国立国会図書館蔵）

政府は欧米諸国からさまざまなものを取り入れ、それまでの町並みや文物《ぶんぶつ》を変えていった。

1869年（明治2）、電信が実用化され、翌年には日刊新聞も発行されている。1871年（明治4）には**郵便制度が始まり**、飛脚《ひきゃく》の時代は終わりを告げていく。また、同年、西洋料理店なども開業している。1872年（明治5）には**学制が公布され**、近代的な学校制度が始まる。江戸時代には、武士の子は藩校《はんこう》、庶民の子は寺子屋《てらこや》で学んでいたが、四民平等の世となり、皆同じ小学校で学ぶようになった。また同年、新橋―横浜間に**鉄道も敷設《ふせつ》され**、人馬以外の動力による交通が盛んになっていく。

この間、西洋風の建物も次々と建てられ、洋装の人も徐々に増えていく。やがて、江戸の象徴だった日本橋も石造りの橋に変わっていった。

▲石造りとなった日本橋〈上〉。新橋方面から眺めた明治期の銀座通り〈下〉。路面電車が走り、人力車も見える。写真では判読しづらいが、洋風の建物には「デパートメントストーア」「CAFE」「ビーアホール」などの文字が書かれている（国立国会図書館蔵）

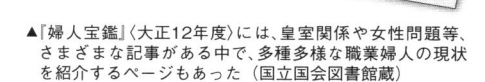

④ 繁栄と崩壊の大正時代

◉花開いた市民文化

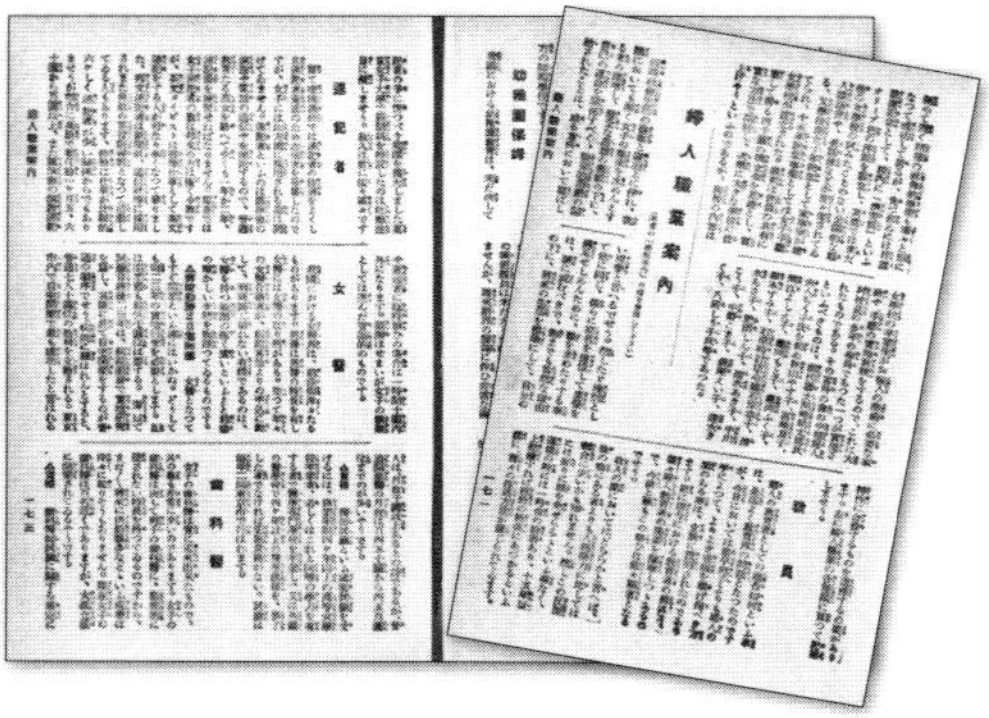
婦人職業案内

▲『婦人宝鑑』〈大正12年度〉には、皇室関係や女性問題等、さまざまな記事がある中で、多種多様な職業婦人の現状を紹介するページもあった（国立国会図書館蔵）

大正時代から昭和初期にかけては、**市民文化（大衆文化）が大きく花開いた。**

日本の人口（内地《ないち》のみ）も明治のはじめには約３３００万人だったが、大正末には倍近い約６０００万人にまで急増した。小学校への就学率は１９０７年（明治40）の時点で97%を超え、大正に入ると99%を記録する。小学校を卒業してから中学校へ進む生徒数も１９１０年（明治43）から１９２０年（大正９）の10年間で約１・５倍近くとなり、高等女学校へ進む女生徒は、同期間になんと、約２・７倍にもなっている。そし

▲建てられて間もない昭和初期の丸ビル（国立国会図書館蔵）

て、学校を出てからは会社等に勤め、サラリーマンとなるのが一般化し、バスガールや電話交換手といった分野で働く「職業婦人」の数も増えていった。1923年（大正12）には、東京駅前に丸の内ビルヂングが完成。地下2階、地上8階建てのオフィスビルには、多くのサラリーマンが出勤していた。

1922年（大正11）、初の週刊誌となる『週刊朝日』『サンデー毎日』が創刊される。1924年（大正13）には『大阪毎日新聞』『大阪朝日新聞』が100万部を突破。翌年にはラジオ放送が開始されるなど、マスメディアの興隆《こうりゅう》も華々《はなばな》しかった。娯楽の世界では、映画や演劇がポピュラーなものとなり、大相撲や野球などのスポーツはラジオ放送の普及が人気に拍車をかけた。文学の世界では、白樺《しらかば》派《は》や芥川龍之介《あくたがわりゅうのすけ》などが名作を次々発表。大佛《おさらぎ》次郎の

『鞍馬天狗《くらまてんぐ》』などの大衆文学も人気を集めた。

華やかで楽しげな市民文化は、竹久夢二《たけひさゆめじ》の絵画に代表されるように、現代人の目から見ると、とてもレトロでロマンティックな香りに満ちているものであった。

▲竹久夢二の名作『黒船屋』

◉首都を襲った大震災

明治維新以来、確実に発展を遂げてきた首都・東京であったが、１９２３年（大正12）９月１日午前11時58分、突然の悲劇に見舞われた。**関東大震災**である。

相模湾を震源とするマグニチュード７・９の大地震は、東京、横浜など首都圏に大きな爪痕《つめあと》を残した。揺れ自体も大規模なものであったが、東京、横浜、横須賀《よこすか》などで大きな火災が発生したため、さらに被害は甚大《じんだい》なものとなった。各家庭が昼食の準備に火を使う時間であったことも火災の原因になったといえよう。

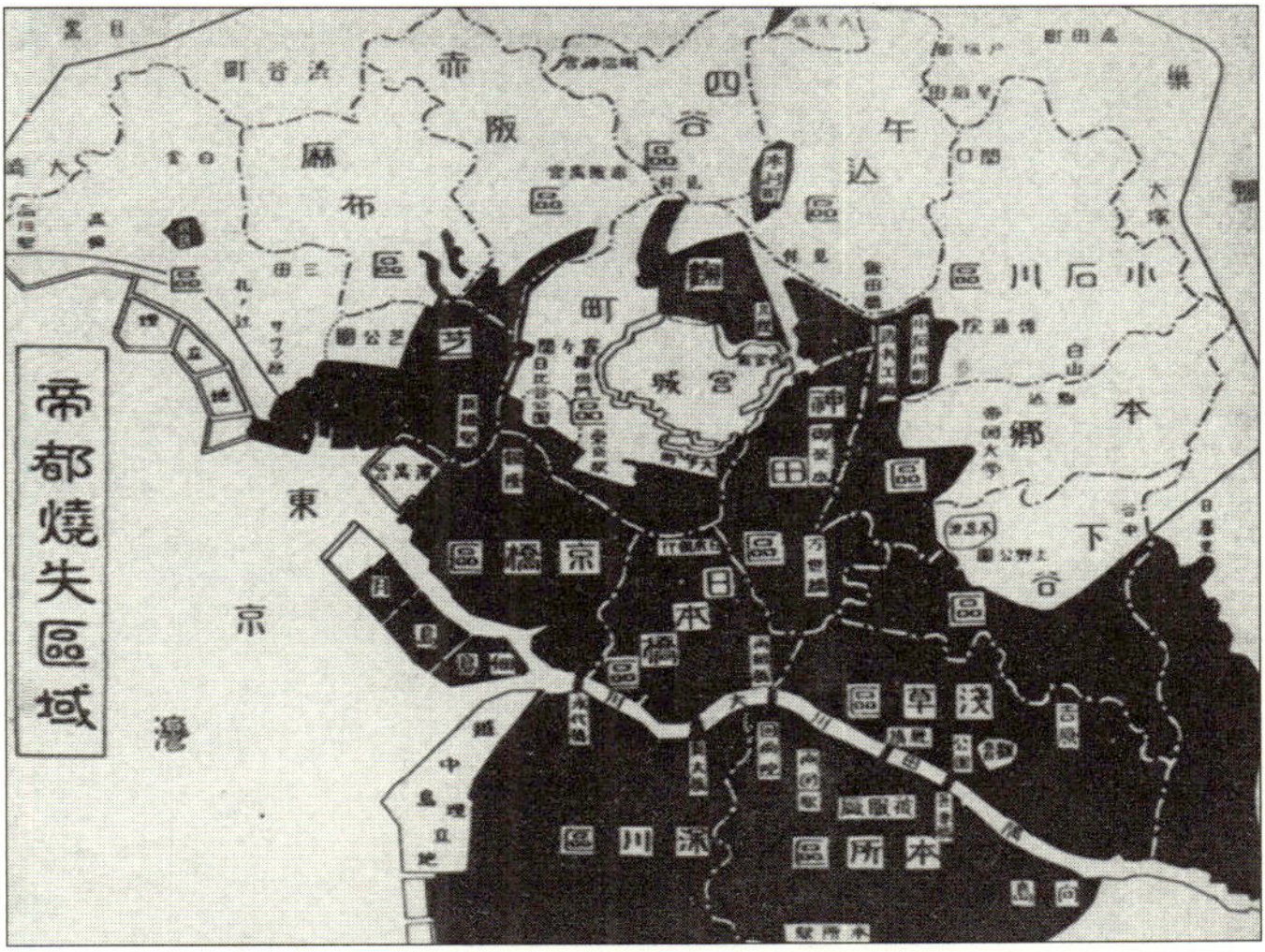

▲震災の年に出された『関東大震災画報』〈写真時報社〉に掲載された東京の焼失地図（国立国会図書館蔵）

この震災により、東京にあった4割強の建物が崩壊・焼失。被害者数は諸説があるものの、春秋社『関東大震災誌』によれば約6万の死者、1万強の行方不明者が出たという。全体では**死者・行方不明者の数は10万人を超える**ものと推測されている。次ページの写真から、その惨状の一端を垣間《かいま》見ることができよう。

震災直後に発足した山本権兵衛《ごんべえ》内閣では内務大臣に就任した後藤新平《ごとうしんぺい》が首都の復興を担った。後藤は震災の翌日、新内閣が発足するや、その夜に復興に関する大方針を構想。いわく「遷都はしない」「復興に30億円をかける」「欧

▲被災地を視察される摂政宮殿下〈のちの昭和天皇〉。後藤新平らが付き添っている（国立国会図書館蔵）

米最新の都市計画を採用して新都を造営する」「地主に対して断固たる態度をとる」というものであった。壊滅的な状況に陥り、遷都論なども出る中、大方針をすばやく示すことで人心の安定を図ったのである。そして、その月のうちに**「帝都復興院《ていとふっこういん》」を創設し**、総裁には後藤自らが就任。災害に強く、より発展した首都・東京をつくるために、区画整理を行ない、大規模な公園、道路、小学校等を設け、産業の発展等に利するため、焼失した日本橋魚市場に代わる市場や東京港を造営することなどに着手する。

ただ、反対派に予算を削られたり、摂政《せっしょう》宮皇太子裕仁《ひろひと》親王（のちの昭和天皇）が狙撃されるという事件（虎ノ門事件）が起きて山本内閣が総辞職したりしたため、後藤の首都復興計画は後進に引き継がれることとなるのだが、その結果、昭和通り、靖国《やすくに》通りなどの幹線道

▲『関東大震災画報』〈写真時報社〉に掲載された震災被害の様子（国立国会図書館蔵）

路や東京港が整備されることとなった。また、日本橋に代わり**築地市場**《つきじしじょう》も築かれている。震災からの復興を強く願い、その実現に尽力した後藤新平らの熱き想いが、現在の首都・東京にしっかりと根づいているのである。

5 太平洋戦争と戦後復興

◉軍国主義への道

関東大震災が起こったのは、第一次世界大戦後の不況にあえいでいた時期であり、その後も1927（昭和2）に金融恐慌《きんゆうきょうこう》が始まるという、経済的には非常に厳しい時代であったが、後藤新平ら政治家はもとより一人ひとりの市井《しせい》の人々の努力により、徐々に**復興の兆し**《きざ》がみえ、町には明るさが戻ってきた。大正時代から続いていた市民文化はその後も発展し、1927年（昭和2）には上野—浅草間に**地下鉄が開通**。1931年（昭和6）には、国産初のトーキー（有声映画）『マダムと女房』が封切りされ、翌年は、ラジオの聴取契約者の数が１００万人を突破している。

しかし、この時期は、同時に日本が**軍国主義への道を歩み続けた**時代でもあった。国産トーキー映画が封切となった１９３１年（昭和６）には、満州事変が起こっており、１００万人がラジオを聴く時代に入った１９３２年（昭和７）には五・一五事件が起こっている。その後も二・二六事件（１９３６年［昭和11］）などを経て、日本は日中戦争、太平洋戦争へと進んでいくことになる。

▲地下鉄開業時の浅草〈上〉と上野の様子（国立国会図書館蔵）

敗戦からの復興

開戦後の日本は占領地を広げるなど、半年ほど有利に戦いを進めていったのだが、１９４２年（昭

▲日本の真珠湾攻撃により、太平洋戦争が始まった

和17）、ミッドウェー海戦で敗北した頃から戦局は次第に悪化していった。1944年（昭和19）には、アメリカ軍による日本の本土空襲《くうしゅう》が本格化。翌年、**東京は大空襲に襲われ、多くの町が焼け野原となった。**

その後、沖縄での上陸戦、広島と長崎への原爆投下などがあり、日本は1945年（昭和20）8月、ポツダム宣言を受諾《じゅだく》し、無条件降伏。太平洋戦争は終わりの時を迎えることとなる。

敗戦後の日本は連合国軍の占領下におかれた。マッカーサーを最高司令官とするGHQ（連合国軍総司令部）が、東京の町に進駐し、占領政策を進めていく。

この頃、人々の生活は凄惨《せいさん》を極めた。食

料は不足し、栄養失調で亡くなる人も後を絶たなかった。わずかな配給と闇市《やみいち》で飢えをしのぎつつ、日本人は少しずつ、少しずつ、復興への歩みを進めていったのである。

▲空襲で焼け野原となった首都・東京の町並み

▲降伏文書に署名する重光外相

終戦直後の闇市の様子▶

▲1951年、吉田茂首相はサンフランシスコ平和条約〈上〉と日米安保条約〈下〉に調印した

1950年（昭和25）、朝鮮戦争が勃発《ぼっぱつ》すると、特需《とくじゅ》により景気が一気に上向く。翌年には、**サンフランシスコ平和条約の調印**が行なわれ、日本は主権を回復した。

以後、世界的な好況も後押しし、日本は奇跡的な高度経済成長を遂げる。国民も豊かさを取り戻していく。1950年代後半頃からは、白黒テレビ、電気洗濯機、電気冷蔵庫が「三種《さんしゅ》の神器《じんぎ》」と呼ばれ、庶民のあこがれの象徴的な存在となった。また、1960年代には、カラーテレビ、クーラー、車の三つが「新三種の神器」、または英語の頭文字をとって「3C」などと呼ばれ、競《きそ》って人々が購入するようになる。

1964年（昭和39）、**アジア初となる東京オリンピックも開かれた**が、これは首都・

東京の復興の象徴といえた。それから半世紀以上の時が過ぎ、２０２０年、再び東京でオリンピックが開かれる。徳川家康の江戸入府からちょうど４３０年。太田道灌の江戸城築城から５６０年余りを経て、世界に冠たる町となった日本の首都「東京（ＴＯＫＹＯ）」が、また世界中から注目を浴びる時がやってくるのである。

▲1964年の東京オリンピックで聖火を持って走るランナー

おわりに

太古《たいこ》より上方《かみがた》の中央政権に従う一地方都市として独自の発展を遂げてきた江戸・東京。やがて武士の時代となり、江戸を含む関東地方の武者《むしゃ》たちは、しばしば朝廷に反逆の姿勢を示し、時には平将門《たいらのまさかど》のように一時的とはいえ半独立国家をつくるに至った例すらあった。その後、はじめての本格的な武家政権である鎌倉幕府が関東地方で誕生すると、江戸の町は、鎌倉幕府、室町幕府（鎌倉公方《くぼう》）や北条氏らの支配下にある一地方都市という地位に甘んじることとなった。

転機となったのは、**徳川家康の江戸入府**である。やがて、関ケ原の戦いに勝利を収め、江戸幕府が開かれると、江戸の町は、日本の中心地として一躍脚光を浴びることになる。そして、江戸の町は、徳川家四代の将軍を中心としながら、飲み水の確保に尽力した大久保主水《もんと》や玉川兄弟、江戸城の築城等に功績のあった藤堂高虎《とうどうたかとら》など多くの人々の知恵と汗を結集して大いに発展。やがて同時期のロンドンやパリと比較しても勝るとも劣らない人口100万を超える都市へと発展していったのである。

しかしながら、その後の江戸・東京の歴史は、たびたび訪れる災害とそこからの復興の歴史であったことを、本書を書き終えて改めて実感させられた。江戸時代には明暦の大火をはじめとするいくつもの大火事で、何度も焼かれてはそのたびに復興を繰り返してきた。明治になって近代都市として生まれ変わった東京も、大正時代には関東大震災、昭和の時代には戦争で一面焼け野原になった。本書の特に第5章では、意識的に写真を多く取り入れ、その困難の歴史を振り返ることができるようにしてみたので、ぜひそのあたりのことを思いながら、もう一度当時の東京に想いを馳《は》せていただきたい。

現在の東京には高層ビルが建ち並び、江戸時代の面影《おもかげ》などないようにも思われる。ところが、よくよく見れば、皇居（江戸城）や江戸時代から続く神社仏閣はもとより、小さな遺跡や地形、地名などさまざまなものにその名残《なごり》がある。機会があれば意識して探ってみるのもよいだろう。

ちなみに、1590年に徳川家康が江戸入府したのは、8月1日とされている。そして、それから430年後に開かれる**2020東京オリンピック**の日程は7月24日から8月9日までであり、中日《なかび》がちょうど家康の江戸入りした日になる。これは、はたして偶然の一致なのだろうか。それとも、これもまた何者かの意思によって仕組まれた江戸の名残の一つなのだろうか。

西暦・和暦対照表

※西暦と和暦では1カ月ほどずれがあります。※本書では下記のような基準で和暦を西暦で表記し、統一を図るため、西暦への換算（ズレの補正）は行なっていません。

将軍	西暦	和暦
	1600	慶長5
	1601	慶長6
	1602	慶長7
初代 家康	1603	慶長8
	1604	慶長9
二代 秀忠	1605	慶長10
	1606	慶長11
	1607	慶長12
	1608	慶長13
	1609	慶長14
	1610	慶長15
	1611	慶長16
	1612	慶長17
	1613	慶長18
	1614	慶長19
	1615	慶長20/元和元
	1616	元和2
	1617	元和3
	1618	元和4
	1619	元和5
	1620	元和6
	1621	元和7
	1622	元和8
三代 家光	1623	元和9
	1624	元和10/寛永元
	1625	寛永2
	1626	寛永3
	1627	寛永4
	1628	寛永5
	1629	寛永6
	1630	寛永7
	1631	寛永8
	1632	寛永9
	1633	寛永10
	1634	寛永11
	1635	寛永12
	1636	寛永13
	1637	寛永14
	1638	寛永15
	1639	寛永16
	1640	寛永17
	1641	寛永18
	1642	寛永19
	1643	寛永20
	1644	寛永21/正保元
	1645	正保2
	1646	正保3
	1647	正保4
	1648	正保5/慶安元
	1649	慶安2
	1650	慶安3
	1651	慶安4
	1652	慶安5/承応元
	1653	承応2

将軍	西暦	和暦
四代 家綱	1654	承応3
	1655	承応4/明暦元
	1656	明暦2
	1657	明暦3
	1658	明暦4/万治元
	1659	万治2
	1660	万治3
	1661	万治4/寛文元
	1662	寛文2
	1663	寛文3
	1664	寛文4
	1665	寛文5
	1666	寛文6
	1667	寛文7
	1668	寛文8
	1669	寛文9
	1670	寛文10
	1671	寛文11
	1672	寛文12
	1673	寛文13/延宝元
	1674	延宝2
	1675	延宝3
	1676	延宝4
	1677	延宝5
	1678	延宝6
	1679	延宝7
五代 綱吉	1680	延宝8
	1681	延宝9/天和元
	1682	天和2
	1683	天和3
	1684	天和4/貞享元
	1685	貞享2
	1686	貞享3
	1687	貞享4
	1688	貞享5/元禄元
	1689	元禄2
	1690	元禄3
	1691	元禄4
	1692	元禄5
	1693	元禄6
	1694	元禄7
	1695	元禄8
	1696	元禄9
	1697	元禄10
	1698	元禄11
	1699	元禄12
	1700	元禄13
	1701	元禄14
	1702	元禄15
	1703	元禄16
	1704	元禄17/宝永元
	1705	宝永2
	1706	宝永3
	1707	宝永4

将軍	西暦	和暦
	1708	宝永5
六代 家宣	1709	宝永6
	1710	宝永7
	1711	宝永8/正徳元
	1712	正徳2
七代 家継	1713	正徳3
	1714	正徳4
	1715	正徳5
八代 吉宗	1716	正徳6/享保元
	1717	享保2
	1718	享保3
	1719	享保4
	1720	享保5
	1721	享保6
	1722	享保7
	1723	享保8
	1724	享保9
	1725	享保10
	1726	享保11
	1727	享保12
	1728	享保13
	1729	享保14
	1730	享保15
	1731	享保16
	1732	享保17
	1733	享保18
	1734	享保19
	1735	享保20
	1736	享保21/元文元
	1737	元文2
	1738	元文3
	1739	元文4
	1740	元文5
	1741	元文6/寛保元
	1742	寛保 2
	1743	寛保3
	1744	寛保4/延享元
九代 家重	1745	延享2
	1746	延享3
	1747	延享4
	1748	延享5/寛延元
	1749	寛延2
	1750	寛延3
	1751	寛延4/宝暦元
	1752	宝暦2
	1753	宝暦3
	1754	宝暦4
	1755	宝暦5
	1756	宝暦6
	1757	宝暦10
	1758	宝暦8
	1759	宝暦9
	1760	宝暦10
	1761	宝暦11

将軍	西暦	和暦
十代 家治	1762	宝暦12
	1763	宝暦13
	1764	宝暦14/明和元
	1765	明和2
	1766	明和3
	1767	明和4
	1768	明和5
	1769	明和6
	1770	明和7
	1771	明和8
	1772	明和9/安永元
	1773	安永2
	1774	安永3
	1775	安永4
	1776	安永5
	1777	安永6
	1778	安永7
	1779	安永8
	1780	安永9
	1781	安永10/天明元
	1782	天明2
	1783	天明3
	1784	天明4
	1785	天明5
	1786	天明6
十一代 家斉	1787	天明7
	1788	天明8
	1789	天明9/寛政元
	1790	寛政2
	1791	寛政3
	1792	寛政4
	1793	寛政5
	1794	寛政6
	1795	寛政7
	1796	寛政8
	1797	寛政9
	1798	寛政10
	1799	寛政11
	1800	寛政12
	1801	寛政13/享和元
	1802	享和2
	1803	享和3
	1804	享和4/文化元
	1805	文化2
	1806	文化3
	1807	文化4
	1808	文化5
	1809	文化6
	1810	文化7
	1811	文化8
	1812	文化9
	1813	文化10
	1814	文化11
	1815	文化12

将軍	西暦	和暦
十一代 家斉	1816	文化13
	1817	文化14
	1818	文化15/文政元
	1819	文政2
	1820	文政3
	1821	文政4
	1822	文政5
	1823	文政6
	1824	文政7
	1825	文政8
	1826	文政9
	1827	文政10
	1828	文政11
	1829	文政12
	1830	文政13/天保元
	1831	天保2
	1832	天保3
	1833	天保4
	1834	天保5
	1835	天保6
	1836	天保7
十二代 家慶	1837	天保8
	1838	天保9
	1839	天保10
	1840	天保11
	1841	天保12
	1842	天保13
	1843	天保14
	1844	天保15/弘化元
	1845	弘化2
	1846	弘化3
	1847	弘化4
	1848	弘化5/嘉永元
	1849	嘉永2
	1850	嘉永3
	1851	嘉永4
	1852	嘉永5
十三代 家定	1853	嘉永6
	1854	嘉永7/安政元
	1855	安政2
	1856	安政3
	1857	安政4
十四代 家茂	1858	安政5
	1859	安政6
	1860	安政7/万延元
	1861	万延2/文久元
	1862	文久2
	1863	文久3
	1864	文久4/元治元
	1865	元治2/慶応元
十五代 慶喜	1866	慶応2
	1867	慶応3
	1868	慶応4/明治元
	1869	明治2

◎参考文献（順不同）

鈴木理生『江戸はこうして造られた』ちくま学芸文庫
鈴木理生『スーパービジュアル版　江戸・東京の地理と地名』日本実業出版社
内藤昌『江戸と江戸城』講談社学術文庫
大石学『地名で読む江戸の町』PHP文庫
『時空旅人　2017年3月号』三栄書房
津川康雄監修『江戸から東京へ　大都市TOKYOはいかにしてつくられたか？』じっぴコンパクト新書
福田智弘『裏も表もわかる日本史　江戸時代編』じっぴコンパクト新書
皆木和義『歴史を変えたリーダシップ』じっぴコンパクト新書
武光誠『地方別並列日本史』PHP新書
山本博文監修『面白いほどよくわかる江戸時代』日本文芸社
『歴史人　別冊江戸の暮らし大全』ＫＫベストセラーズ
倉野憲司校注『古事記』岩波文庫
原岡文子訳注『更級日記』角川ソフィア文庫
松本愛重『少年叢書 本朝立志談 初編』少年園
『日光東照宮百話』東照宮社務所
吉田東伍『日本歴史地理之研究』富山房
『埼玉県史』埼玉県
信濃史談会『信濃之人』求光閣書店
『東京府民政史料』東京府
『歴史読本』2014年12月号
村上直『徳川氏の関東入国に関する一考察』（論文）
千田嘉博『集大成としての江戸城』（論文）

◎主な参考ウェブページ

東京都水道歴史館（http://www.suidorekishi.jp）
コトバンク（https://kotobank.jp/）
国土交通省（http://www.mlit.go.jp/）
日本銀行金融研究所貨幣博物館（https://www.imes.boj.or.jp/cm/）
日本放送協会（[視点・論点「最強の城『江戸城』の秘密」]）（http://www.nhk.or.jp/kaisetsu-blog/400/264234.html）
内閣府防災情報のページ（http://www.bousai.go.jp/index.html）

◎写真提供

国立国会図書館
東京都立図書館

装幀　杉本欣右
図版　笹森　識
DTP　サッシイ・ファム
編集協力　オフィスON

監 修 者

河合 敦（かわい あつし）
1965年東京生まれ。
早稲田大学大学院博士課程単位取得満期退学（日本史専攻）。第17回郷土史研究賞優秀賞（新人物往来社）、第6回NTTトーク大賞優秀賞を受賞。多摩大学客員教授。早稲田大学非常勤講師。歴史に関する多数の著書を執筆している。テレビ出演も多数。
主な著書には、『いっきに!同時に!世界史もわかる日本史』『裏も表もわかる日本史[幕末・維新編]』（実業之日本社）のほか、『大学入試問題から学びなおす日本史』（河出書房新社）、『外国人がみた日本史』（KKベストセラーズ）、『変と乱の日本史』（光文社）、『「神社」で読み解く日本史の謎』（PHP研究所）、『早わかり日本史』（日本実業出版社）、『世界一受けたい日本史の授業』（二見書房）、『読めばすっきり!よくわかる日本史』（角川SSコミュニケーションズ）など、多数ある。

執筆 福田智弘

※本書は書き下ろしオリジナルです。

じっぴコンパクト新書 332

JIPPI Compact

徳川四代《とくがわよんだい》 大江戸《おおえど》を建《た》てる!
驚《おどろ》きの江戸《えど》の町《まち》づくり

2017年 9月19日 初版第1刷発行

監修者……………河合 敦
発行者……………岩野裕一
発行所……………株式会社実業之日本社
〒153-0044 東京都目黒区大橋1-5-1 クロスエアタワー8F
電話（編集）03-6809-0452
（販売）03-6809-0495
http://www.j-n.co.jp/
印刷所……………大日本印刷株式会社
製本所……………大日本印刷株式会社

ISBN978-4-408-33731-9（第一経済）